河北省社会科学基金项目

苏虹 著

误歌论

河北出版传媒集团

河北教育出版社

图书在版编目（CIP）数据

谈歌论 / 苏虹著. -- 石家庄：河北教育出版社，
2022.4（2025.1 重印）

ISBN 978-7-5545-7008-1

Ⅰ.①谈… Ⅱ.①苏… Ⅲ.①谈歌－文学研究 Ⅳ.
①I206.7

中国版本图书馆CIP数据核字(2022)第061050号

谈歌论

作　者	苏　虹
图书策划	董素山　张　辉
责任编辑	张　静
封面设计	牛亚勋
版式设计	于　越
出版发行	河北出版传媒集团
	河北教育出版社 http://www.hbep.com
	（石家庄市联盟路705号，050061）
印　制	廊坊市佳艺印务有限公司
开　本	787mm×1092mm　1/16
印　张	19.5
字　数	230千字
版　次	2022年4月第1版
印　次	2025年1月第2次印刷
书　号	ISBN 978-7-5545-7008-1
定　价	78.00元

我所认识的谈歌

早在 2000 年我于河北师范大学读本科时，"三驾马车"及其作品就已经成为我们当代文学课上重点讲述的内容。从那时起，我知道了鼎鼎大名的河北作家谈歌。2002 年，在我参加研究生复试时，导师专门提出了与"三驾马车"和谈歌相关的问题，这些问题让我对谈歌及其创作产生了浓厚的兴趣，也让我在后来的学习中对之投入了更多的关注。2005 年到保定学院工作后，我结识了被誉为"中文系才子"的资深教师、作家、评论家贾耘田先生。他热情地建议我：要多关注保定作家，关注谈歌。我的研究生导师刘玉凯先生也多次提及"谈歌值得好好研究"，更引荐我向这位大作家当面求教。正是上述的一次次经历，让我逐步明确了谈歌研究的选题。我感恩谈歌与以上先生的教诲和帮助，更珍惜每一次向他们学习求教的机缘。随着自己对谈歌了解的深入，我萌生了谈谈"我所认识的谈歌"的念头。

在我看来，谈歌的性格单纯明朗，豪放、自由、犀利，但并非不懂节制、没有约束、尖厉无情。他能将看似相反的两个方面调整得妥妥当当，是一个丰富而不复杂的人。

一、豪放粗犷又内敛儒雅

众所周知，谈歌好酒，且爱大碗喝酒，颇有江湖豪情。他喜欢把酒言欢、借酒兴挥毫，大概是享受这种酣畅恣意的状态。谈歌还模仿明代屠本，作了《饮酒八醉之我见》，将饮酒分为八种状态，即独酌而醉、浅酌而醉、雅酌而醉、豪饮而醉、狂饮而醉、驴饮而醉、痛饮而醉、畅饮而醉。虽诙谐夸张，但也颇为写实。他会拍桌子骂人、暴粗口，也会和朋友勾肩搭背，吞云吐雾，一起海阔天空。他没有太多功名的记挂，所写作品多无底稿，所发文章多无记录，所出之书随时送人，谁赶上算谁。谈歌曾专门写过一篇散文《尴尬的书房》描述这种情形，这是异于其他文人的粗犷豪放。这种性格直接影响了谈歌的创作，小说自不必说，就连书法和绘画也多粗犷豪放之作。他所绘的高山、险峰、茂林、岩鹰、奔马、土匪、枭雄等，大都笼罩着一种威猛苍茫的雄浑之气。

谈歌给自己的角色定位是工人。他抱有工人的质朴豪放，但他还是个读书人，他内敛儒雅的一面往往容易为人所忽略。谈歌读书多而杂，工于诗词，擅长戏文，精于多种传统文化技艺，文气纵横，有内在的斯文儒雅。他的文化底蕴深厚，在他的小说，尤其是笔记小说中，体现得非常鲜明。其语言文雅精致，含蓄蕴藉，诗意盎然。

二、追求自由又坚持自律

谈歌不在意别人的看法，不受世俗礼法的约束，不受功名利益的束缚，坚持做自己喜欢的事。就拿着装来说，他喜着夹克、工装裤、T恤衫、军绿棉袄，从不西装革履打领带。他喜欢做菜，这既是一种生活技能，又是一种创作活动。他喜欢各种面食，如馒头、饺子、面条、馄饨、大饼等，大概是因为其可以随意搭配着吃。比如面条里可以放鸡蛋、肉、蔬菜，荤素搭配，营养丰富。谈歌喜腌制各色小菜，黄瓜嫩绿，萝卜脆红，辣椒豆角个个都水灵灵的，颜色鲜亮，脆生爽口，色味俱佳。他对此颇以为傲，也从中感悟到一种惬意的人生境界。谈歌的自由有原则有底线。他是一个有党性原则、有纪律和法规意识的人，从心所欲，不逾矩。他言辞有时犀利，但从不说过头的话；他爱好自由不受拘束，但绝不触犯底线，有所为，有所不为。

谈歌在生活中也非常自律。谈歌母亲在世时，无论参加什么聚会，他一定先要给母亲做好可口的饭菜再出去；无论酒喝得多酣，他也一定按时回家。谈歌的自律更体现在创作方面，他要求自己勤练笔。谈歌确实是一个天才型的作家，但他从不强调自己的天才，而是低调地把写作当作吃饭的一门手艺。业精于勤，作品的艺术价值固然与人的资质有关，但他更信勤能补拙，而常练习是基本的要求。他相信写小说可以速成，可以有方法可寻，关键是勤于练习和构思。比如，看到"疯狂奔驰的汽车突然停下来"，谈歌便要给出车停下来的理由，构思或虚构故事情节的多种可能性，尽量新奇，但都要合理。再如，一个老头在河边钓鱼，他旁边放了两把伞。怎么回事？谈歌要训练自己至少给出三种可能性。正是因为他这样长期用心构思和勤奋练笔，才有了一气呵成、下笔如有神。由此可知，任何惊艳的背后，都有不为人知的努力。

三、尖利又宽容

谈歌性格中有尖锐严肃和眼里揉不得沙子的犀利。他不能忍受不公、虚伪、欺骗和做作，所以，很多时候仗义执言、言辞激烈，甚至不留情面，拍案而起直接怒斥。他的尖利不仅仅因为性格直率，更因为有丰富的经历、人生体验和看透世事、洞察现象的本领。谈歌往往给人一种严厉、横眉冷对、对人进行心灵拷问的冷峻感。这是他作为作家的责任心和忧患意识的表现。

谈歌是非常热情和宽容的。尤其对晚辈，他很爱笑、有耐心、充满善意，且言谈幽默随和。前提是，年轻人心性要善、要真诚，而不能诡诈。谈歌的弟子众多，一方面，他重视年轻人的成长，愿意将自己的技能和见解与他们分享，并希望对其有启发和帮助；另一方面，他从年轻人身上学到了新鲜的知识、感受着年轻人的朝气，不做新时代的落伍者。谈歌为弟子赠言，希望他们健康、平安、快乐、充实、温暖。谈歌教导青年人要有一技之长、一门手艺，可以炫技，可以批评人，但不能轻易批评人家的专业技术。这种诚恳直言是作家的经验之词，也是普通的民间道义，其中透露出理解和宽容。

四、懂世故又葆有童心

谈歌有不错的家世，有颇具知名度的文坛地位。他眼界宽，有格局，经历丰富，能洞察人情。因此，谈歌对一般的世俗功利、世事人情、世故人性等看得颇为通透。他热情、仗义、幽默，但不缺少理性，又谙熟眉眼高低，并非一味蛮干。这一点，从他的小说《我曾让你傻半天》和《灯下闲读》中可见一斑。他曾谈过鲁迅的《立论》，可见他了解其中的三种人、三种说话方式，只不过他不愿恭维、不愿敷衍，不讲模棱两可、不负责任的话，更不屑于说谎。他保持淳朴、友善的童心，这是如儿童般的单纯之心，也是历尽沧桑、深悟人情冷暖后仍秉持的赤子之心。我见过一张他与阿民先生的合影。桃花丛中，他笑容满面，自然而灿烂，憨态可掬还略带羞涩。他全情投入友情、自然的怀抱，表现出一种率性和天真。谈歌曾经讲过，为了能与卧床的九十多岁的母亲沟通吃什么，为了不让母亲着急，他准备了幼儿园的看图识字卡片做辅助交流，于是西红柿鸡蛋啊还是土豆菜花啊就都明白了。我想，能想到这种儿童的指事方式，大概只有具有童心的人能够想到了。

五、与时俱进又不忘初心

伴随着改革开放的步伐，谈歌创作的小说思想与时代一起进步，其作品题材更是与时俱进。他关心社会，关注民生，不管是最有名的《大厂》和当年的国有企业改革，还是近些年热议的话题，比如"新土豪的标准""摆摊证""阴着呢""直播带货"等，总之，作品内容贴近时代，语言常新。而且，谈歌在文体形式上也一直有探索。他没有停留在《大厂》的光环之下故步自封，而是尝试了各种文体形式，如现实民间体、文化诗意体、杂感随笔体、悬疑推理体等。《大舞台》则成为一个综合体，集传统话本、评书、相声、小品、网络于一体。

无论在与时代接轨还是在创新的路上，谈歌始终不忘初心，目标始终如一，没有忘记为何而写。纵观谈歌的创作，现实主义和道德理想主义是他一贯的原则和追求。谈歌创作的落脚点和归宿总是现实，写历史也是为了与现实对照，呼唤优秀的传统文化，注入道德理想主义，归根结底是更好地为现实服务。

苏虹

2021 年 5 月 1 日

目 录

第二部分 ｜ 谈歌作品的文学类型及代表作解读

第三部分 ｜ 谈歌作品特色专题

第一部分 ┊ **谈歌的成长**

第一章

谈歌成为作家的多重因素

第一节　与三地的不解之缘

一、童年生活的地方：张家口

（一）独特的龙烟铁矿

1954 年 2 月 18 日，谈歌出生在河北省张家口的龙烟铁矿。龙烟铁矿独特的自然环境、历史和生活方式都对谈歌产生了潜移默化的影响。

1.独特的自然环境

龙烟铁矿自然气候恶劣，干燥多风。这里的风很大、很硬、很野蛮。谈歌在这种恶劣的环境中生活了 10 年。这里的很多地名都与风有密切关系，比如黑风口、沙子口、吹破头等，体现了风的力度和硬度。风是力量和气势的象征，是野性的代表，是自由不羁灵魂的呐喊。一方水土养育一方人，从小感受这种狂野的风势、风威，人的性格和精神也必然偏向于粗犷、豪放、率性。

谈歌的小说独具个性风貌。小说中只要涉及重要的历史时刻或宏大悲壮的场面，他都会用自然环境去烘托和渲染气氛。"风"是他较为偏爱的自然意象。他笔下的风，多是狂扫一切、涤荡一切的烈风。如《绝士》中的风"忽的卷起""窗子萧萧作响"，既写出了风的狂野，也写出了风的力度。燕太子丹在送别荆轲时，"风起云涌，荆轲的衣袂乱飞，像一面被狂风扯动的战旗"，而送行队伍则"一色的如雪长衫。长衫宽松，飘飘如雪"，"士兵竖起了一杆大旗，在河风中扯动，猎猎作响"。猎猎风中的素衣强化了士兵的决绝悲壮。

"风"在谈歌小说中，整体占比似乎不大，但在他为数不多的环境描写当中，却是重要的一笔，也是最重要的自然意象，多起点睛的作用。这大概是张家口地域的自然环境对他创作所形成的潜移默化的影响。

2.独特的生活方式

龙烟铁矿始建于1919年。这里曾是华北地区最大的地下开采的铁矿。方圆百里的大矿，使得在这里工作的人们形成了一个庞大的部落群。为了生产更多的钢铁，矿工夜以继日地劳作，这里因此呈现出一种沸腾昂扬、火热忙乱的生活场景。谈歌从中理解了劳动的意义，并深深体会到每一位平凡劳动者背后的伟大。谈歌非常熟悉工人，了解他们的生活。参加工作后的谈歌更有了一线的切身体会。这给他日后的创作提供了丰富的生活依据和丰沛的素材。

铁矿工人是积极昂扬、充满干劲的，同时也是热情、自由、粗犷豪爽的。他们相邻而住，每家每户却不垒院墙，吃饭时经常端着饭碗聚在一起，完全没有隔阂和防范之心，也不受规矩礼仪的束缚。

3.独特的历史

龙烟铁矿是一个百年老矿，历史中不仅充斥着野蛮和悲惨，而且充满了血性和悲壮。抗日战争期间，日本觊觎铁矿丰富的矿藏而意图控制龙烟。在党的领导下，中共龙延怀联合县第五区组建了红石山游击队，组织工人解救工友奋起反抗，与日军展开了各种形式的顽强斗争。这些反抗侵略的英勇事迹激荡和勉励着后人，要不惜以头颅和鲜血捍卫生命尊严和民族气节。追求野性和捍卫尊严成为当地人潜在的文化心理，在谈歌心中扎下了根，影响了他的创作。龙烟铁矿的红色精神，在他的作品中有最直接的体现。

龙烟铁矿的红色历史，使得谈歌对红色印象深刻。红色成为谈歌小说中最常用的一种色彩。有些作家，设色较多，讲究层次递进和渐变，进而形成参差的对照；而谈歌讲究色彩的鲜明反差映衬，形成一种豪迈又厚重的风格，造成强烈的视觉冲击效果。《家园笔记》和《绝士》，都是谈歌最典型的历史题材小说。在这两部作品中，红色的运用非常巧妙，不仅用来描写自然环境、烘托氛围，还形成了一个个精彩的红色意象，与人物血热胆壮的豪情密切相关。

（二）少年时代不能忘却的纪念

1. 记忆中的狼和风

谈歌在回忆中提起，在龙烟铁矿的生活记忆中，有两个地方印象最深，分别是浅子沟和鬼剑峰。谈歌在浅子沟下河摸鱼时，曾遇到过狼。这里的狼是野生的，它们有洞穿一切的犀利目光和撕裂一切的锋利牙齿。这更加深了谈歌对野性的认识：野性是物竞天择的一种表现，是适应环境的一种能力，既残酷嗜血，又有强悍坚韧的生命力。野性很抽象。在谈歌的意识中，大概就是狼的样子。谈歌作品中具有野性特征的人物很多。无论是《票儿》中啸聚山林的土匪，还是《家园笔记》中野民岭地区的山民，抑或是《都市豪门》中的商界大佬，都体现了一种狼一样的野性。

鬼剑峰，地如其名，是一个凶险的地方，位于铁矿的最南边。儿时的谈歌，因为想吃榛子和酸溜果，与小朋友一起到此探险寻宝，不幸迷路。小伙伴们从刮风的方向判断方位，最终走出了林子。小小少年能够想到根据风向判断方向和位置，这是熟知当地自然环境而生出的生活智慧。

30多年以后，谈歌故地重游，试图依照童年记忆去实地体验，但却找不到他玩耍的地方了。他再也回不去了。曾经熟悉的地方找不到了、历史被遗忘了……无限的感叹和无奈，在他的多部作品中都有体现。这不仅是他个人的一种情绪，而且是一种深刻的人生体验和对历史的客观态度。因此，谈歌作品中插入这些关于回忆的情节，从某种角度说，正是一种"不能忘却的纪念"。

2. 风波与囧途

谈歌经历过"丢军帽"的风波。孩童时代有一顶军帽，是时尚的象征，也是骄傲的资本。谈歌就有一顶军帽，令同学们羡慕不已。结果，同学们抢来抢去、戴来戴去，最后不知所踪。丢掉军帽如同丢了宝贝，这是谈歌童年时代的重要记忆。

谈歌另一个重要的经历，是计划失败的囧途。1966年冬天，谈歌一人在家，无聊透顶，他想去北京。包括谈歌在内的四个少年拿了地图、带上干粮、凑了些钱，斗志昂扬地出发了。旅程并非他们所想象的那样一帆风顺，他们一路步行，顶风冒雨，无处落脚，只能蹲火车站，非常狼狈不堪。四五天的时间，他们先后到了沙城、青龙桥、八达岭和延庆地界的龙庆峡。在龙庆峡因砸冰捉鱼，有两个同学掉进了冰窟窿，幸被当地居民救起，并护送到小站雁翅。20年后，谈歌再去寻访，当年的人与房子均无处寻觅，被历史冲淡得无影无踪。

谈歌感叹："记忆是一件很让人悲哀的事情，你永久记住某些东西，却永远再难找回，逝者如斯。"儿时自由玩耍的地方、遇险的小站、曾经热闹的矿山，还有记忆中的老家，都统统不见了。这种人是物非的无奈，是曾经的美好的消逝、是昔日不能重现的感慨，是鲁迅笔下的"再也没有吃过那夜似的好豆、没有看过那夜的好戏"的伤感，是谈歌心灵世界中最柔软的一部分。因此，谈歌倍加珍视眼前的一切，对四季景色的变化、节气物候的更替都极为敏感。比如《票儿》《大厂》等作品中经典自然环境的描写，使得小说在雄浑阳刚的风格之外，蕴含着深沉内敛、淳朴清新之美。

3. 记忆中的伯伯和叔叔

除了父亲，让少年谈歌记忆深刻，且对他产生重要影响的人有两个：一个是洪伯伯，一个是杨永明叔叔。

在谈歌的记忆中，洪伯伯是富有传奇色彩的人物，他教会了谈歌吴氏太极拳。这与洪伯伯的特殊经历和性格有关。洪伯伯是老红军，有许多荣誉勋章。他把勋章戴在胸前，手拎一把缴获的日本军刀坐在院子里，加上他会武术、脾气暴，他用这种勇武无畏和气势保护了自己。像洪伯伯这样经历沧桑、刚毅果决、有个性、有气魄又富有历史厚重感的人物，成为谈歌小说中最具魅力、最立体丰满的形象。

另一位对谈歌产生重要影响的人是杨永明叔叔。谈歌愿读小人书、爱集邮和之后的喜爱读书、思考都与他有关。1970 年，谈歌父亲要去五七干校，指定杨永明关照无人照顾的谈歌，并让谈歌与之多联系。杨永明是父辈中的才子，读书多。他给谈歌讲书、讲文化，还特别讲了吴晗所著的《朱元璋》，影响了谈歌，使其对中国历史产生了极其浓厚的兴趣。

在当时，杨永明对谈歌的教导难能可贵。他用质朴但寄寓深邃的话语和现实的人生经验启发了谈歌对文化的热爱。因此，长大后的谈歌骨子里有思想、有文气，也有斯文儒雅的一面。

二、难忘的老家：保定市顺平县

谈歌祖籍河北完县，即现在的保定市顺平县，这里有厚重苍凉的历史，也有难忘的红色记忆，是他的精神家园。顺平县位于太行山北麓，隶属保定市，在保定西边，距保定市约 38 千米。实际上，谈歌在老家住的时间非常少。谈歌父亲部队转业后做公安，他再也没有回家种田。谈歌只是儿时随父亲回过两次顺平老家，一次是奶奶去世，一次是叔叔结婚，两次都在老家住了一段时间，也结识了一些伙伴。长大后的谈歌又回去过一次，但已经是几十年之后了，是回去给爷爷办丧事。爷爷长寿，活到 95 岁。爷爷在村里一直当干部，很勤劳，像一棵古老的庄稼，他不平凡的经历激发了谈歌对家族、祖上故事的想象。

总体上看，谈歌记忆中的老家有两个：一个是祖籍顺平，一个是童年的老家——张家口的龙烟铁矿。但是，再也回不去了。对于老家的淡淡的乡愁，谈歌借用几句散文诗表达过。"老家是什么？老家是一缕很远很远的轻烟，是爸爸妈妈睡过的摇篮，老家是父亲的长叹，老家是妈妈的无眠。"因此，老家对谈歌的影响，更多的不是表现在现实生活方面，而是表现在历史文化方面。

（一）历史文化的熏陶

完县古称曲逆，1990 年改名为顺平县。谈歌仍习惯称之为完县。谈歌的微信昵称为"曲逆河人"，即源自自己祖籍的古称。谈歌老家的村子叫南陈侯，在顺平县城西边，是进山的第一个村。至于为什么叫"南陈侯"，虽然谈歌没有像史学家那样做过更多更具体的考证，但通过查阅史书，他对此地的历史还是有比较多的了解。他讲到，据史书记载，这里也是一个相当有历史的古村，是尧帝故里。迄今，顺平县仍然有大量尧的文化遗迹和许多关于尧的民间传说，并伴有延续了千百年的祭祀活动，这在《史记·五帝本纪》和《汉书·地理志》中都有记载。

此外，还有伊祁山和尧母洞。顺平土人至今仍称伊祁山为尧山。《环宇记》就有"尧住此山，后因作姓"的记载，与《史记》记载的"尧，谥也，放勋名，姓伊祁"一致。《汉书·地理志》记载，尧山在北，尧母庆都山在南，登尧山见都山，故以山为名。北魏郦道元对尧山、都山的位置都曾作过详尽考证。伊祁山主峰有"太子庵"，尧就任部落长之前是住在这里的。《完县志》记载："尧帝二月十五祀，尧城有尧帝庙。旧日知县亲往至祭，商贾辏百货毕集。"现存文字最完整的，当属元初郝经所撰《唐帝尧庙碑》。尧后封其长子丹朱居曲逆城，旧址为顺平县东南的大王、子城村。曲逆在秦时曾达三万余户，高祖刘邦路过此地，曾发表感慨"吾行天下，独见洛阳与是耳"，可见其繁华。后刘邦在此地封陈平为曲逆侯，现在顺平仍有陈侯村，应该是陈平的宅子了。以上这些文字均出自谈歌的文章——《尧帝故里顺平县》，该文收入杂感散文集《一吐为快》。由此可知，顺平县是个历史悠久、深具历史文化底蕴的地方。

（二）对家族史的想象

谈歌对故乡的历史有比较深刻的认识，但对家族的历史似乎不太看重，而且有一种大不敬的腹诽态度，这其实也是一种严谨的态度和实事求是的精神。谈歌曾从祖父那里找到一本家谱，发现祖宗们中似乎没有什么显赫的人物，祖上也没有出过几个读书人。祖父大概不满谈歌对祖宗的不敬。他从传了不知几代的破旧箱柜中翻出几本《论语》《大学》《中庸》等，但在谈歌看来，这些相当于现在的必读书，并不能说明什么问题。另外，一个本家叔叔也收藏了一本家谱，上面记录了祖上确实出过两个做官的，但不是大官。谈歌表示怀疑，不仅搞不清楚两个版本家谱的真假，但推测出可能有第三本、第四本。总之，他认为，"历史这东西有时你大可不必当真，你姑且认定他只是一些传说"。而且谈歌对老家的陈平墓，也有一种理性的怀疑。谈歌重视历史，但他对正史和野史有清醒的认识。他在《尧帝故里顺平县》一文中说："《史记》到底有多么可信？我至今尚怀疑许多，正如一些小说家把《史记》作为文学课本来研究学习，那么，司马迁先生为我们提供的证据便很难脱开稗官野史之嫌了。"

家族的传说，对谈歌小说的创作有很大的启发。他先是对祖上的历史进行合理的推想，然后对这些传说进行加工和丰富，便衍生出了后来的家族题材的小说。

传说谈歌的祖先是两个布匹贩子，是兄弟二人，什么地方的人则一无所知。他们赚了钱，路过完县，走累了想歇歇脚，就在此地住下。一夜之后，他们决定不再走，之后买宅院安顿下来，然后娶妻生子，过起了太平日子。谈歌猜测，这个传说如果成立，那他的祖先肯定发了什么不义之财，怕仇家追杀，故在此地隐姓埋名。因为顺平老家这里是山区，穷山恶水之地，非万不得已，谁也不会想在此地定居。谈歌把这种虽然大胆、不敬但又非常合理的猜测与文学想象嫁接，创作了长篇家族题材小说《家园笔记》。小说以"我"为叙述者，以"我"的父母亲的家族成员为主要人物，描述了两个家族的恩怨情仇和在大时代中的种种经历，和他们在家国大义面前的尊严和操守。这是谈歌推想家族历史与思考家国情怀的完美结合。

（三）对燕赵风骨的传承

顺平县是山区，这里有很多抗日根据地，出过许多抗日英雄。人们耳熟能详的"放牛的孩子王二小"的故事就发生在谈歌老家附近。谈歌也是从小就唱《放牛的孩子王二小》。故乡的抗日故事和作为根据地的独特历史，对谈歌创作产生了特别大的影响。他在作品中不仅凸显了此地的地理特征、红色历史、民风民俗，还突出了抗日的英雄情结和悲壮的人物命运。如小说《票儿》中，直接描述了顺平县的情况和周边各县山寨的土匪，展示了他们的野蛮、骁勇、彪悍，以及他们在抗战期间表现出的义勇和担当。小说《大舞台》中的主要人物马凯旋即是顺平县人；梅天凤、徐飞扬、张宗民等领导的抗日队伍就活动在顺平县、易县一带，他们生活、战斗的环境，甚至可以和谈歌故乡曾经的抗日故事相连。徐飞扬拉响炸药与敌人同归于尽，这样悲壮的场面，也与故乡的红色记忆密切相关。这些情节不由得让人眼红心热、潸然泪下。顺平人概是谈歌所认为的燕赵文化的重要代表，他曾在《我是保定人》一文中讲过一些见解，将燕赵精神或燕赵风骨定位在保定以西。顺平隶属古代燕国，至少在谈歌潜意识当中，顺平历史中的舍生取义、一诺千金、豪爽仗义、通达质朴等应该是燕赵精神的内涵。

三、长期生活和工作的城市：保定

保定是谈歌长期生活和工作的城市。1977年，谈歌调到保定冶金部地球物理勘查院，开启了与保定的不解之缘。

保定是一座历史悠久的文化古城。出生地对谈歌的影响，在我看来，是更多偏向于外部形象方面的，比如通常人们会说谈歌粗犷豪放、仗义洒脱，但我认为谈歌骨子里的气质或说精神支柱，还是文化，是历史底蕴的厚重感而非轻浮躁动，是接受文化熏染之后的优雅从容。这与谈歌自身的修养有关，也与保定这一块沃土的滋养有关。一方水土养育一方人，谈歌的气质修养与此地的地域文化有密切相关，人杰与地灵有机融为一体。具体表现为：第一，保定是谈歌文学的起步之地，也是他孕育文学佳作的摇篮。在此，他受名家影响和引领。第二，保定历史悠久，尤其是革命史和抗战历史非常有名。保定是冀中抗日根据地重要的代表城市。抗日战争时期，保定人民所爆发出的反抗精神与斗争智慧，深深吸引并影响了谈歌。我们熟知的文学经典，如《红旗谱》《地道战》《烈火金刚》《野火春风斗古城》《狼牙山五壮士》《敌后武工队》等描写的主要情节和人物基本是真实的，都是发生在保定及其周边的。而谈歌小说对保定的抗日历史，也给予了特别的关注和展现。第三，保定的各种文化，在谈歌小说中都有特别多的体现。除在笔记小说《家园笔记》中有集中的体现外，还在历史小说《大舞台》中有淋漓尽致的表现。谈歌笔下的保定是丰富多彩、富有历史气息和燕赵文化底蕴的。他的小说不仅展示了保定的地理地貌、自然景观、地标建筑、名胜景点，还体现了保定语言的特色，展示了保定的风俗、小吃和保定人的文化心理结构。

与谈歌生活成长密切相关的三个地方，都在潜移默化中对谈歌的性格、为人、修养和创作产生影响。此外，对谈歌创作产生直接影响的，还有他的三种职业。

第二节　三种职业的滋养

　　1970年3月谈歌参加工作，先后在钢铁企业当工人、宣传干事、车间主任、下属企业经理、地质队长。1981年参加河北省文联举办的第二届文学讲习班。1984年考入河北师范大学中文系。1986年底开始在《冶金报》《冶金地质报》任记者。1994年被河北省文学院聘为专业作家，为期两年，同年，参加河北省青年作家代表大会。1996年加入中国作家协会，后任河北省作家协会副主席。1998年开始，谈歌受聘担任河北大学、辽宁大学等多所高校的客座教授。1998年和2002年，谈歌分别参加了鲁迅文学院研究生班和鲁迅文学院第一届高级研讨班，之后参加过第五次、六次、七次、八次、九次全国作家代表大会。1999年到涿州市挂职政府副市长。通过以上这些主要的生活、工作经历，我们不难发现，其中有三种职业对谈歌作品的创作起到了直接的、至关重要的、不可或缺的作用。换言之，如果没有这些经历，谈歌可能不是现在的谈歌，也不太可能写出《大厂》那样轰动、风靡全国的作品。

一、工人

　　谈歌从小生长在龙烟铁矿，目之所及和接触的都是矿工，这使得他从小对当地的工人有非常深入的体察和细致的关注。谈歌所见所感，主要是工人的豪爽无私、不拘小节、有集体荣誉感。谈歌一直记得，1964 年他随父亲从矿上搬到宣化，住在宣化钢铁公司的家属宿舍。当时都是排子房，没有人家垒院墙，吃饭时，可以端着碗跑到门外，你家的菜我家尝，我家的菜送给你家一点，一片祥和的气氛，非常亲切、坦荡无拘。

谈歌参加工作后，也是从一线工作做起，当过锅炉工、修理工、车间主任、地质队长等。从小接触加上亲身实践，使得谈歌非常熟悉工人、工业生产和企业管理。他认为，小说就应该写他们自己生活中的真事儿、发生在自己身边的故事，甚至自己单位的事情。20 世纪 90 年代，谈歌以凌厉真诚的、现实主义的写作手法，迅速开拓了一个非常重要的题材领域，涉及工厂、工人、国企改革。谈歌的工人职业及工作经历为其创作提供了源源不断的滋养和丰富的素材，而企业管理者的经历，则使他更清楚自己的角色定位：我是工人阶级中的一员。因此，谈歌小说中的叙事姿态是平和的，与读者是平等的关系，而且形成了一种质朴、平易、亲切的叙述语调。其语言更加生活化，非常符合人物个性和身份。之后，谈歌搞宣传工作，并到行业报任记者，也没有脱离企业发展。

二、记者

谈歌"还做了几年跑企业的记者"。在行业报当记者，一则继续他与企业的密切关系，二则为他写作提供了契机，尤其为创作打下了扎实的文学功底。因此，记者这个职业对于谈歌的文学创作来说非常重要。

第一，记者需要有职业敏感性。他们一般眼光犀利，对事物能透过现象发现本质；思维敏捷，对事物和社会的发展能够有很好的预见并作出合理判断。因此，谈歌时刻关注企业、社会百态、人性人情等，从小的细节切入、以小见大，具有宏观表现的能力。尤其作为记者，他更能关注社会热点问题、焦点问题和人民群众反映强烈的问题，并给予客观地呈现。当年的小说《大厂》率先关注了社会转型和国有企业转轨改革问题，而这些问题几乎是工业战线上最重要的问题，是经济社会发展中的热点问题，也是国家发展的命脉问题。从某种程度上说，记者更需要一种良知、责任感和使命感，要抱有一种忧患意识，要对精神生活给予更多表现。谈歌虽不以批判为主，但他有批判的勇气、敢于揭示某种真相。

第二，新闻要求"新"。记者必须要有迅捷的反应能力和给力的文笔，采访、构思、撰稿、见报等要一气呵成，这种职业素养，是谈歌成为一个作家的优势。他成为一个"快刀手"，从某种程度上说，这是性格使然，也是经历使然。谈歌写作效率非常高，短篇经常一气呵成，中篇也不过三五天。谈歌曾经谈到自己被"限时作文"、"现场办公"和"被催交作业"的情节，也就不难理解为什么业内将其趣称为"谈旋风"了。这种创作姿态，与记者的经历密不可分。

三、干部

1999年，谈歌在涿州市挂职政府副市长。这并非谈歌的志趣所在，相较于"当官"，他更喜欢写作的自由。他曾幽默地回忆当时的情形：办公室布置相当简单。谁来，有事说事，你说我听。他所遵从的，就是直来直去、做事情而已。在这个岗位的时间不长，他却进一步开阔了视野、增长了见识。谈歌是个聪明人，并非懵懂无知，他有高屋建瓴的格局，也深深懂得所谓的人际关系和处世之道，只不过他依然愿意保持那份赤诚和质朴、不愿世故做人。这段经历对谈歌来说，更多的是一种体验生活，补充了他都市生活的另外一种体验和认识，影响了他的创作，或者说使他的都市题材小说更饱满、真实、生动。比如《城市传说》和据此改成的长篇小说《都市豪门》等，涉及政界博弈、商界角逐和情场恩怨，展现了都市生活的光怪陆离和多重矛盾交织的复杂性。

总之，就他的小说成就而言，固然有技术层面的苦练，但也有经历这方面的得天独厚的优势。谈歌经历丰富，多种职业、多年历练给他的创作提供了源头活水。

第二章

创作历程

第一节　1978—1989 年的创作概况

　　这一时期是谈歌的早期创作阶段，同时也是他的创作探索期、奠基期。谈歌 1977 年开始他的业余文学创作，而 1978 年在《保定文艺》发表组诗《踏遍青山》，则是其正式创作的开始。

　　关于早期创作的缘起，谈歌曾在《我给〈长城〉写中篇》中谈到过一些情况："'文革'后，文学热，我也追风逐浪'练'写作，不期与《河北文艺》结缘。"文中提到，1979 年谈歌写了短篇《大风吹起儿重沙》，经《莲池》的编辑指路，投了《河北文艺》，未被录用，但收到了编辑的鼓励。谈歌日后多部作品发表、走上并坚持文学之路，一些刊物如《工人日报》《长城》《北京文学》及其编辑发挥了重要的作用。1979 年，谈歌在《工人日报》上发表了独幕剧《欢迎检查团》，署名是冶金部地球物理探矿公司工人业余创作组。这个作品的问世与谈歌当时的工作经历有关。《欢迎检查团》是谈歌最重要的早期作品，揭示了当时的社会现象，影响较大，因而被众多评论者视为谈歌真正的处女作。

　　1980 年，保定市文联推荐谈歌参加河北省文联举办的第二届文学讲习班，主办人是张庆田。经交谈，谈歌得知张庆田正是当时《河北文艺》给自己回信的编辑。期间，谈歌调任普查队队长，

由于工作变动，他提前结束了讲习班的学习。张庆田给谈歌推荐了
《长城》，建议他可以给《长城》写中篇。谈歌在地质队两年多，写
的主要是野外日记，小说偶尔为之，却未发表，但与《长城》有了
联系。

在社会要求干部年轻化、知识化的情况下，1984 年谈歌考入
河北师范大学，在中文系学习。1986 年底，谈歌开始在《冶金报》
和《冶金地质报》这两个行业报任记者。此时，谈歌无暇写中篇小
说，将主要精力放在通讯报道上，锻炼了他的"快手"，也使他熟
悉了媒体报道的语言风格。这在之后的小说创作中有明显的体现。

总体看，在早期创作中，谈歌广泛尝试，多方探索，小说、散
文、话剧均有涉猎，在《保定文艺》《荷花淀》《莲池》《保定日报》
《冶金报》《河北日报》《工人日报》等几十种报刊发表中短篇小说、
散文、话剧 300 余篇。其中，诗歌多发表在《保定日报》和《冶金
报》。这一时期，谈歌用的笔名较多、较随意，主要有谈天、谈谈、
谈笑、谈笑歌辛、谭戈、谭天（散文和戏剧多用"谭天"这个笔
名）等，这些笔名透露着谈歌性格的自由、洒脱、不羁。作为一个
文学青年，本着对文学的热情投入创作，在 20 世纪 80 年代中国文
学热的背景下，追逐文学的风浪是一种时尚，同时也有一些现实的
触动。尽管是初创期，但他尝试和开拓了不同的路子，也产出了比
较优秀的作品。

一、广泛尝试，为创作奠基

谈歌的早期创作，题材丰富、数量颇丰，类型涵盖小说、散
文、话剧、诗歌等。他最初发表作品很大程度上带着姑且一试、玩
一玩的心态，并未想成名成家。他曾开玩笑说："原来写文章可以

挣稿费，而且相比当时的物价而言，是价值不菲的稿费，还可以名正言顺地换酒喝。"实际上，谈歌当时的爱好或说专业是画画，但他觉得没有画出什么名堂，而且画画很费钱，而写作居然可以挣钱，这的确给了他动力。更重要的是，谈歌已经有了近十年的工作经历，从中获得了一定的人生历练和感悟，这让他有相对丰富的创作素材。当然，最重要的是基于本身对文学的热爱，他骨子里有一种纯粹的、超越于物质之上的精神追求，再加上20世纪80年代这一特定的时代环境的影响，谈歌必然走上创作之路。谈歌一头扎进文学创作中，先是短小的诗歌，后来是散文、小说等篇幅较长的作品，到1990年才集中、专注于小说创作。写作实现了谈歌生活务实与精神追求之间的共通，在现实与理想之间搭起了一座桥梁。

谈歌早期创作的比较优秀的作品，如话剧《欢迎检查团》、小说《拜年》《四十岁的大学生》《总工程师和卖大碗茶的儿子》《小夜曲》《水浒知识智力竞赛侧记》《桥》《假如你第一次扛枪打兔子》《你有多少聚 M 烯我都要》等等，无论在题材领域还是在风格特点方面，都为成熟期奠定了重要的基础，成为他成熟期的最重要的创作类型。

二、体裁多样，关注现实

关注现实，是谈歌从创作初期开始一直未间断的创作理念。早期创作中，虽然粗疏和幼稚，但谈歌已经从多角度关注现实。

（一）以打油诗文体关注现实

谈歌擅长用调侃和讽刺的笔调揭露问题、用深沉和欣慰的语气展现新风气。谈歌用笔名"谈笑"和"歌辛"在《荷花淀》上发表了打油诗——《写在车间墙报上》：

（一）

外国发型抹发蜡，

进口裤子大喇叭，

游手好闲泡病假，

人人说他不像话！

（二）

每天上班准迟到，

不到下班就溜号，

只有一回没早走，

因为下班发戏票。

（三）

平时干活磨洋工，

月底发薪向前冲，

一听奖金难到手，

急得吹胡瞪眼睛。

（四）

调资榜上没有名，

口吐白沫脸发青，

赶快送他上医院，

原来得了"财迷疯"。

  显然，这组诗具有打油诗的典型特点。但是，仔细琢磨会发现，其外在的顺口溜形式，恰恰与作品所要表达的主题及潜在的作者的情绪、语言习惯等相吻合。诗歌摹拟的是写在工厂车间的墙报，受众是工人，作者或潜在作者也是工人，是普通大众的代表。顺口溜正是他们对诗歌的一般性认识。作品内容是对当时一些追求时髦但空虚浅薄的小青年的调侃，揭示其好逸恶劳、自私自利、油腔滑调、一切向钱看的行为做派，反映了当时的新现象和某些社会风气。因此，这种打油诗文体很巧妙，似乎是最恰当的表现形式。

  （二）以话剧体裁关注现实

  谈歌虽从 1978 年开始发表作品，但具有重要意义和影响力的作品，应是独幕话剧《欢迎检查团》。

  该剧讲述了某针织厂为欢迎检查团而闹出的笑话，揭示了工厂应对检查的种种形式主义和企业领导的官僚作风，其核心情节是"欢迎检查团"，而"检查"和"欢迎"显然是生活中再平常不过的事。作者从中发现当时工厂、社会、思想等方面的诸多问题，并对此进行了讽刺。为此，作者在戏剧结构上精心安排，巧妙设置人物形象，以便有效地引发和展开矛盾。

  1. 巧设误会，引发多重问题

  《欢迎检查团》的戏剧结构简单明了，是单纯的线性结构，基本按照时间顺序实时地组织故事情节。该剧有鲜明的现实主义风格，有些情节甚至可谓生活实录，有明显的批判和讽刺效果。剧中主要人物有五个：王厂长、王秘书、传达室老李、文工团王团长（简称"文王"）和上级检查团王团长（简称"检王"）。这些人物关系并不复杂，基本分为两个阵营：一方是厂方，即被检查方，以王厂长、王秘书、传达室老李为代表；另一方是上级检查团，以"检王"为代表。作者巧妙地设置了第三者——"文王"，这个人物作为中间联络人，他起到了中间媒介的作用。因此，该剧运用了"二元三人"[1]的经典戏剧结构。巧妙的是，作者安排这两个团长都姓"王"，由此引发了一系列"误会"。"误会"也就成为谈歌的戏剧理念，即一切喜剧性矛盾的展开都依靠"误会"，也就有了错把"文王"当"检王"的关键情节。最后，厂长误把欢送稿当成欢迎稿，可谓尴尬百出，令人啼笑皆非。

2. 讽刺各种各样的形式主义

《欢迎检查团》集中讽刺了当时社会上各种各样的形式主义。剧中所有的欢迎仪式和准备都是形式主义，大动干戈，劳民伤财，不符合以人为本的思想，没有实际意义。对此，作者感同身受。作为一个性格爽直的作家，他无法抑制内心的不满，要借助作品发泄出来，这样就形成了幽默讽刺的口吻。在人物形象设置上，他特意安排了一个"在场"与"不在场"的老李。老李调侃式的旁白是真实的心声，既代表了工人和读者，又体现了作者谈歌的真实想法。这些形式主义的普遍性和多发性，通过老李的一句旁白——"还是这一套，我都会背了"——有效揭示出来。老李的话消解了"检查"的崇高性和庄重性，揭示了真相，使"检查"变得没有意义。"老李"也因此成了谈歌的代言人。

3. 对等级观念、官本位思想的内在忧虑

《欢迎检查团》对根深蒂固的等级观念、官本位思想以及由此产生的行为规则进行了挖掘讽刺，体现了作者对现实的忧患意识。

---

[1] 钱理群，温儒敏，吴福辉. 中国现代文学三十年（修订本）：第 11 版 [M]. 北京：北京大学出版社，1998:138.

"厂长"无疑是剧中主要的讽刺对象。但在进行犀利嘲讽的同时，作者也有一丝对"他"的理解和同情。该剧结尾处，厂长颓然坐下，双手捶在桌子上说"检查，检查！退货，退货！"，似乎也有对层出不穷的各种检查的无奈。欢迎检查团的精心准备与对产品质量的忽视，是一对"矛盾"。文中有两处提道：一处是"当秘书接到文工团反映产品质量问题的电话"时，并不重视，而是一切以欢迎检查团为重心；另一处，体现得更直接，借"文工团团长说产品质量太差、要求退货"来表现工厂的管理混乱、不分轻重。产品质量应是企业发展之本，但企业管理者本末倒置，重形式、轻根本，这种不正常的现象应该不是只发生在剧中的针织厂，也不是厂长的个人问题，而是当时比较普遍的现象。从中，可见谈歌的远见和预判，而其作品也有了现实性和超越性的意义。

（三）以其他体裁关注现实

1981 年发表于《河北日报》的小说《总工程师和卖大碗茶的儿子》主要讲述了对不同工作有成见和思想相对保守的总工程师与决定卖大碗茶的儿子进行思想斗争，从不同意儿子卖大碗茶到同意儿子卖大碗茶，逐步解放思想、转变观念的故事。总工程师认为只有正式的工作、稳定的工作才是体面的好工作，因而否定了儿子想卖大碗茶的想法。但儿子的坚持和对理想的执着，深深打动了总工程师。小说结尾部分，总工程师认可了儿子和这群青年人卖大碗茶的决定。卖大碗茶也是一种正当的职业，所有劳动都是光荣的、所有工作都是值得尊重的，各行各业都有自己的价值，要正视和尊重个体的选择。小说传达出改革开放过程中新生活的变化以及人们思想解放的观念。

1985 年发表于《中国微型小说选刊》第 3 期的小说《小夜曲》

讲述了一个小伙子在自己辛苦开的一个小吃店里，灯光静谧，播放着他自己唱的歌，歌声高亢激昂。一位老人在店里坐到很晚，他被歌声深深地打动了。这位老者是著名音乐家，他利用出差的机会，忙里偷闲，特意要寻访好声音的伯乐。老者鼓励小伙子去北京学习音乐剧并深造。《小夜曲》的格调浪漫唯美，情感细腻动人，叙述纤徐婉转。伯乐寻访贤才的题材，切合了那个时代，也表现了知识分子的高尚情怀。

1987年《工人日报》发表的《四十岁的大学生》讲述了从工厂选派四十来岁的工人进修学习的故事。在典礼大会上，工人大学生想到自己在工厂里的发言，进而想到自己的理想，意识到自己真正的价值在企业里、在大家共同奋斗的劳动中。这篇小说是对个人前途与工厂利益、对个人价值和理想信念的重新思索。

谈歌早期作品关注现实、表现新风气，反映社会现象。而到了20世纪80年代末期，他一直抱有现实感的作品在叙事和语言风格上发生了重要变化。

第二节　20 世纪 90 年代的创作概况

从 1990 年起，谈歌专注于小说创作，进入创作的第二个阶段，即成熟期。1992 年，谈歌彻底从《冶金报》《冶金地质报》这两家行业报新闻记者的行当退出，用他自己的话讲，"不是不想干了，是真跑不动了"。谈歌在记者岗位上，写了很多报告文学，但写小说一直是他的梦想。从记者岗位离开后，谈歌可以有充裕时间、全力以赴创作小说。因此，这个阶段的谈歌开始向专业作家转型。

一、创作轨迹

20 世纪 90 年代初，谈歌对短篇小说特别用力，尤其是着力创作了一批笔记小说。关于笔记小说的思考将在后续章节中详细讲述。谈歌的笔记小说非常突出，有十几篇还获得了刊物的年度奖和征文奖。原本计划笔记小说还可以再多写一些，但朋友劝告他，"你趁着年轻，可以多写些中篇长篇，你写的中篇太少，你现在还有力气。你的笔记小说可以先放一放"，这是经验之谈。于是在 1993 年后，谈歌听从朋友的劝告，调整创作路线，开始集中精力写中篇，到 1998 年，"写了约六十多个中篇和几个长篇"[1]。1998 年以

---

[1] 谈歌.谈歌与笔记体小说.北京文学（精彩阅读）[J].2006(10):50.

后，谈歌的中篇创作较少，精力重新放到笔记小说上。

二、创作类型

（一）幽默讽刺体小说

这种类型的作品延续了谈歌 20 世纪 80 年代末的创作风格。代表作有《那一阵我正活的没滋味》（《小说家》，1991 年 12 月第 6 期，总第 47 期，百花文艺出版社）、《我曾让你傻半天》（《天津文学》，1994 年第 1 期）、《厕殇》（《天津文学》，1995 年 11 期）等。我们将其归结为谈歌幽默讽刺体小说，这类小说从一定程度上反映了当时的文化现象和社会思潮。

（二）现实主义小说

1996 年，《大厂》在《人民文学》第 1 期刊发。该作品关注现实、关注社会热点和焦点问题，尤其关注社会转型时期国有企业的困境，描写工人群体生活，展示底层工人群体的精神、困惑和焦虑，被广泛关注。工人读者与作者产生了深刻的共鸣，他们认为小说写出了他们的真实生活，甚至认定写的就是他们厂的事、就是他们本人的生活。

（三）笔记小说

这一阶段，《小城传奇》应该是较早的一篇，发表于《河北文学》，1990 年第 11 期。之后，他陆续完成了《小城旧事》（《东海》，1992 年第 6 期）、《小城人物》（《天津文学》，1992 年第 8 期）、《凡人传奇》（《四川文学》，1992 年第 10 期）、《名流》（《北京文学》，1994 年第 1 期）、《绝药》（《鸭绿江》1994 年第 1 期）、《绝赌》（《鸭绿江》，1994 年第 1 期）、《绝交》（《春风》小说半月刊，1994 年第 5 期）、《笔记小说三题》（《中国作家》，1996 年第 3 期）、《秦琼卖马》(《人民文学》，1999 年第 10 期)。至此，谈歌正式开启了短篇体式、中国味道、大开大阖、语言精练、充满文化气息和传奇色彩的"人间笔记"的创作。

（四）历史小说

历史小说的代表作，有中篇小说《山毛榉》(《昆仑》，1990 年第 5 期)，还有《空槐》。《空槐》是谈歌首次发表在《长城》上的作品。除上述两部，这期间还完成了《狗头金》(《荷花淀》，1994 年第 1 期)、《野民岭》(《小说林》，1995 年第 4 期)、《黑日——为抗战胜利五十周年祭》(《长城》，1995 年第 5 期)、《天下荒年》(《北京文学》，1995 年第 10 期)、《长河落日图》(《古今传奇》，1997 年第 4 期)等优秀作品。其中，很多篇目都成为后来长篇小说《家园笔记》的重要内容。这段时间谈歌进行了集中创作，文思泉涌、创作力旺盛。

（五）悬疑推理小说

这一时期，以白玉堂为核心人物的小说创作开始起步。长篇小说《逍遥楼》在 1999 年《古今传奇》第 6 期发表，这一类小说在之后有更多发展。本阶段的《逍遥楼》成为白玉堂探案系列悬疑推理小说的先驱。之后，他陆续创作了一系列的以白玉堂为核心人物、以悬疑推理为主要特色的小说。

总之，这一阶段，谈歌的创作不仅数量多，而且多篇被转载并获得中短篇小说的重要奖项。比如《年底》《绝品》《天下荒年》《野民岭》《单刀赴会》《天香酱菜》等多次被《新华文摘》《小说月报》《小说选刊》《中篇小说选刊》《作品与争鸣》《作家文摘》等转载。《笔记三题》曾荣获 1994 至 1995 年《天津文学》小说奖；《大厂》曾荣获 1996 年《人民文学》特别奖、《小说选刊》奖、《小说

月报》"百花奖";《笔记小说二题》曾荣获 1996 年《中国作家》小
说奖;《燕赵笔记》曾荣获《小说月报》"百花奖";《天下荒年》曾
荣获《北京文学》奖;《热风》曾荣获 1997 年《十月》文艺奖;《官
司》曾荣获 1996 年《东海》文学月刊"三十万东海文学巨奖"铜
奖;《山草谣》曾荣获 1998 年《东海》文学月刊铜奖;《城市警察》
曾荣获《啄木鸟》奖、公安部金盾文学奖;《年底》曾荣获河北省
文艺振兴奖。20 世纪 90 年代是谈歌创作的成名期,也是成熟期。

第三节　21世纪以来的创作概况

进入21世纪后，谈歌参与了许多重要的文学活动。2002年，他参加了鲁迅文学院第一届高级研讨班。之后，作为有影响力的著名作家，他接连参加了中国作家协会第五次、六次、七次、八次、九次全国作家代表大会。谈歌继续保持着旺盛的精力，创作全面开花，将上一阶段探索的各种路子拓宽挖深，呈现出品类的多样化，文学创作进入全盛时期。长篇小说取得了丰硕的成果，体现了谈歌不断突破自我的姿态和创新精神。

该阶段的作品，有继续关注企业发展、工人现实生活、社会热点问题的小说，如《激情岁月》《明天有暴风雨》等；有以古城保定为中心、写保定民间奇人逸事的笔记小说，如《绝唱》；有侧重描述都市生活的小说，如《都市豪门》《征服》；有历史小说《票儿》；还有专门写历史人物白玉堂的悬疑推理系列长篇小说，如《神探白玉堂》《血色黄金》《广陵散》《黑幕重重》《局中局》等。

一、创作随性自由

2010年以后，谈歌的创作更加自由。自由首先指他可以随心所欲，爱写则写，想休息就休息。人的精力毕竟有限，尤其是长篇小说更需要作者付出加倍的心血。谈歌说写作既是脑力活儿又是体力活儿，有时挖空心思、绞尽脑汁进行沉浸式创作，关键是写完后，许多天都"走不出来"，人物仍然停留在脑子里"打架"，相当痛苦，而且长久的超负荷运转会让身体吃不消。

谈歌著作等身，已经有相当多的传世精品，在创作上也有了更多选择。谈歌将主要精力放在了笔记小说和历史小说的创作上，完成了《人间笔记》《人间笔记2》《大舞台》；创作题材，由之前重点关注工人、工厂和企业改革转移到关注普通百姓生活和人文精神，如《升国旗奏国歌》。尤其是在完成150万字的巨著《大舞台》之后，谈歌的选择就更加自由，又从容地创作了一些中长篇历史小说，如《血弥途》等。

二、艺术驾驭得心应手

除了创作随性自由，谈歌在艺术驾驭上也更加得心应手。他打破文体的界限，如《大舞台》淋漓尽致地体现了文体的自由。不仅如此，谈歌还与时俱进，他勇于接受新事物、利用新媒体，他意识到文学与媒介传播的微妙关系，考虑到现代社会的快节奏，因而无论是语言方面还是文体风格方面，都崇尚简洁而鲜活的随笔写作。《灯下闲读》《闲读名著》等都是网络时代杂感类的典型代表。

迄今为止，谈歌共完成长篇小说20多部、中短篇小说千余篇，另有系列杂感散文，如《一吐为快》《杂谈水浒人物》《灯下闲读》等共1500余万字。除此之外，谈歌的多部作品还被改编成影视剧，如《大厂》被中国电视剧制作中心改编成16集电视连续剧，被西安电影制片厂改编成电影《好汉不回头》；《年底》《年初》被辽宁电视台改编成25集电视连续剧《选择》；《大忙年》《雪崩》《城市热风》等9部被中国电影合拍公司改编成27集电视连续剧《震荡》;《绝人》《名流》被改编成电影《夏日情怀》《小镇名流》;《城市票友》《老乐的执迷不悟》被改编成同名电影;《野民岭》被长春电影制片厂改编成《沉默的山无言的河》;《山问》由峨眉电影制片厂改编成《山问》;《票儿》被改编成40集电视连续剧《江湖正道》。另外,谈歌的部分作品还被译成法、日、英等文字传播到国外。

纵观谈歌的创作轨迹,一直有一条主线,就是关注现实,为现实服务,起到了古今对比、讽喻现实的作用。在这条主线的贯穿下,经过不断地突破和探索,谈歌的创作轨迹大体分为早期、成熟期和全盛期三个阶段。像谈歌这样,有自己的艺术个性和艺术成就,而且持之以恒、创作类型多样,著作等身、与时俱进又不忘初心的作家,在当代文学圈中是难能可贵的。

第三章

文学地位和影响

第一节　文学史地位

20世纪90年代，与谈歌关系最为密切的两个词莫过于"三驾马车"和"现实主义冲击波"。"现实主义冲击波"是当时文坛最为著名的文学现象或文学思潮中的一个，是改革开放历程中文学与时代精神共振的精彩呈现。这批现实主义小说家，除后来叫响的"三驾马车"外，还有刘醒龙、周梅森等。这些作家的作品被冠以现实主义，并区别于刘震云、刘恒、池莉等人的"新写实"创作中的现实主义，因而被称为"新现实主义"或"现实主义的回归"。

一、现实主义冲击波

"现实主义冲击波"，出自1996年6月27日《文学报》发表的雷达的文章——《现实主义冲击波及其局限》，指的是那些"面对正在进行的现实生活，毫不掩饰地、尖锐而真实地揭示以改革中的经济问题为核心的社会矛盾，并力图写出艰难竭蹶中的突围，它们或写国营大中型企业，或写家庭化的私营企业，或写一角乡镇，全都注重当下的生存境况和摆脱困境的奋斗，贯注着浓重的忧患意识，其时代感之强烈，题材之重要，问题之复杂，以及给人的冲击力之大和触发的联想之广，都为近年来所少见"的作品。

因其出现的时间、思考和揭示的问题、把握生活的方式和态度方面的相似性，因而形成一种阵势，故命名为"现实主义冲击波"，该称谓形象地表达出了这批作品的轰动效应。总之，这股现实主义浪潮在 20 世纪 90 年代中期的反响非常强烈。

（一）与刊物的倡导密切相关

90 年代初，五花八门、争奇斗艳的思潮和主张，你方唱罢我登场。当时刚出任《人民文学》主编不久的程树榛声称："对此现象，开始也曾有些迷茫，不知如何是好。但是，经过向一些老作家请教，与同辈较为成熟的作家商讨，我们找到了对《人民文学》的定位，那就是：兼容并蓄，百花齐放，坚守现实主义，以不变应万变。"在《人民文学》这种重量级刊物的"坚守现实主义"的立场之下，许多刊物收到了很多作家的优秀作品并将其发表，在社会上引起了较大的反响。"各地报刊纷纷刊载作家们的现实主义力作，当时的《上海文学》主编周介人先生专门给我来信，表示对《人民文学》此举的赞许，相约今后南北呼应，让这个潮流长盛不衰。"[1]

（二）多方活动加速了"现实主义冲击波"

与出版、发表作品相应合的，还有有关方面组织的频繁的读者座谈会、研讨会、评奖等活动，这使得文坛上迅速掀起一股"现实主义冲击波"。之后，"当前现实主义文学问题讨论会"的召开和《文艺报》对该类文章进行的评点，都起到了锦上添花的作用，引起了文坛足够的重视。"'冲击波'作家在当时的文坛，获得了较高殊荣。""读者的积极反馈刺激了作者的创作，因此在

---

[1] 程树榛. 原《人民文学》主编回忆：《大厂》前后暗潮涌 [N]. 北京青年报 [微博]，2016-05-06.

'冲击'之时，读者和作者之间形成了良好的'视野交融'，从而促成了'现实主义冲击波'作品的迅速蹿红。"[1]

"现实主义冲击波"和河北作家讨论会是互相成全、互相促进的关系。程树榛还特别提道："特别是河北省的三位青年作家（即何申、谈歌和关仁山）的作品，如《年前年后》《大厂》《醉鼓》等，都有着很强的现实性。其中以《大厂》的反映最为强烈，有人甚至把它比作新的《乔厂长上任记》。"[2]谈歌的作品不仅引起轰动，还获得了很多的争议。尤其是《天下荒年》《大厂》等作品被广泛热议，编辑部和作者都收到大量读者来信，从某种程度上说，这种热议和关注更促其走红。程树榛的回忆和当时《大厂》责编李敬泽的回忆异曲同工，可互相印证。由此可见，谈歌作为"现实主义冲击波"中重要的一员，在文坛上获得了广泛的知名度和关注度。

二、《大厂》的发表与"三驾马车"的命名

"三驾马车"的命名和作为一个文学群体被广泛认知，应该源自一场讨论会，即"河北三作家何申、谈歌、关仁山作品讨论会"。毫无异议，这是直接原因。根本原因，还是三作家在当时取得的突出的文学成绩和在文坛上的重要影响，同时作为"冲击波"中的重要成员，他们表现出了一种整体特征，因此需要一个名字来对其进行整体涵盖。具体到"三驾马车"由谁命名、有何意义、命名的具体情况等，其中还有一点曲折。这其中主要涉及几个人，一个是刘小放，时任河北省作协秘书长，后任河北省作协副主席，一个是

[1] 徐焕生.现实主义冲击波现象研究 [D].福州：福建师范大学，2013:5.
[2] 程树榛.原《人民文学》主编回忆：《大厂》前后暗潮涌 [N].北京青年报 [微博]，2016-05-06.

当代著名作家、编辑家柳萌，还有一个是唐山的评论家杨立元。

"河北三作家何申、谈歌、关仁山作品讨论会"于 1996 年 8 月 23 号由《小说选刊》杂志社、中共河北省委宣传部、河北省作协在北京联合召开。之所以有这个研讨会，是由于谈歌等人的作品引起了全国范围的争论和关注。

（一）《大厂》的发表

谈歌在 1996 年 1 月于《人民文学》发表了小说《大厂》，后又在该刊物发表了《大厂（续篇）》。《大厂》责编李敬泽曾说："那个时候，谈歌写了一个《大厂》，在读者中引起了较大反响，在我的编辑生涯中，进入 20 世纪 90 年代以后很少有作品像这样让人明确地感觉到它触及甚至凝聚了某种社会情绪。"由此可见，《大厂》引起了广泛的关注，产生了很大的社会效应。"但热闹了一小阵忽然安静了，当然也没什么事，没有人来批评我，只是大家都不提了。但是，到了七八月份吧，这件事又被提起来，这时调子就不同了，对这个作品是肯定的。其中内情我不是很清楚。"[1] 李敬泽这里提到的"七八月份"即是作品讨论会的前期。从 1 月份《大厂》发表到 8 月底召开讨论会，期间业内人士对《大厂》的评价毁誉参半。

时任《人民文学》主编的程树榛的回忆更细致一些，他用自己"听到了不同的声音"和"在工作上遇到一定的阻力"来表述，有人对提倡现实主义潮流有不同看法。尤其提到了对《大厂》的不同看法："就是作协有个别领导认为《大厂》等作品不足为范。当《大厂》普遍受到读者欢迎、我们编辑部也加大对其宣传力度的时候，某领导却严肃地直接对我说：《大厂》对现实生活的阴暗面反

---

[1] 李敬泽，李蔚超. 历史之维中的文学及现实的历史内涵：对话李敬泽 [J]. 小说评论，2018(3):8.

映得过多，对工厂企业当前所遇到的困难，表现得过于严重，影响不好，应该引起你们的注意，慎勿予以赞扬。'同时，作协书记处的常务书记张某同志出于一番好意，也当面警告我说：'某领导对《大厂》等作品另有看法，你们不要再加以宣扬了。'"。[1] 面对作协领导的否定和作协其他同志的善意警告及不轻易直接表态的谨慎，程树榛感到不解和为难，在尊重读者意愿和不违背领导指示精神之间，他感到了苦恼。大概在这种情况之下，就出现了李敬泽提到的"热闹了一小阵忽然安静了""大家都不提了"的现象。但程树榛采取了较隐蔽的方式继续对《大厂》进行宣传，还向作者再次约稿、希望谈歌写一个《大厂》"续篇"，并且，他也想到了其中的风险，也为此做好了挨整或下台的心理准备。

之后的转折点是一个电话，程树榛回忆，一天傍晚，他接到一个电话，是中宣部文艺局的一位同志打过来的。"他告诉我说：'请尽快将刊载《大厂》的那期《人民文学》凑足10册，送到中宣部，然后由我们转送北戴河，中央领导正在那里开会，指名需要参阅这篇作品。'"。[2] 他对此照办不误，但未知凶吉、心中忐忑。时隔不久，得到准确消息："有一位中央领导同志，无意中看到了《大厂》这篇小说，甚感兴趣，认为小说真实地反映了当前工矿企业的困境和广大职工的精神状态，很有参考价值，故要求中宣部尽快将这本杂志送到他正在北戴河主持召开的一个会议上去，供与会领导同志参阅。"此后不久，中宣部的内部简报上还发表短论，专门赞扬了这篇作品。由此，对《大厂》的评价发生了变化，甚至改变了它的命运，当然，也使文坛上的现实主义回潮，波澜更加壮阔。

---

[1] 程树榛. 原《人民文学》主编回忆：《大厂》前后暗潮涌 [N]. 北京青年报 [微博]，2016-05-06.

[2] 同上.

（二）"三驾马车"的命名

柳萌的回忆文章《"三驾马车"上路前后——20年文坛亲历记》（发表于《中国作家》2006年08期）讲到了三作家作品讨论会召开的始末。柳萌是当代著名作家、编辑家，曾先后在《乌兰察布日报》《工人日报》《新观察》、作家出版社、中外文化出版公司、《小说选刊》等单位供职。他作为当时的亲历者、当事人，负责沟通、策划、组织三作家研讨会。他从"推出'三驾马车'的缘起""从《小说选刊》的恢复说起""'三驾马车'研讨会的确定""'马车'即将上路骤起风波"等几个方面细致地叙述了讨论会的召开过程和"三驾马车"的命名。该文提到了几个核心意思，一是建议召开何、谈、关的作品讨论会，为《小说选刊》助威，也为河北作家扬名。刘小放提议在北京开，也是为了声势更大一些。名字就叫"三驾马车"，便于宣传、记忆。二是诸多因素凑在一起，才达成了讨论会的召开。比如作家正好有相当的创作成就和影响力，而且三位作家同属河北，可以产生一种集束效应，三是会后三位作家受邀与作协领导单独座谈，受到了鼓励。不管怎样，实事求是地说，讨论会能如期召开，与之后产生巨大的反响和社会效应密切相关。

杨立元在其发表的悼念何申的文章《写人民，为人民而写的作家——深切怀念著名作家何申兄》中，回忆了与何申的交往过程并提到了"三驾马车"及其命名问题。他提到，1996年4月，与三位作家去嶂石岩开创作座谈会，进一步与何申深入交谈，并在他的建议下，写了《贴近现实 反映人生——谈河北的"三驾马车"》。[1]巧的是，该文在1996年8月23号，即召开"河北三作家何申、谈

[1] 杨立元.写人民，为人民而写的作家——深切怀念著名作家何申兄 [N] .文艺报，2020-03-11号，第3版封秋昌."三驾马车"现象分析 [J]. 长城，2000(1):20.

歌、关仁山作品讨论会"的当天，发表在《文艺报》评论版头条。"三驾马车"的称谓不胫而走，且正式出现在评论文章中应该是第一次。关仁山为杨立元《燕山作家论》所做的序——《为地域文学鼓与呼》里表达过对杨立元的肯定和感谢。何申也很肯定杨立元对"三驾马车"研究的贡献，认为现在"三驾马车"写入文学史，"杨立元功不可没"。杨立元是较早关注三位作家的评论者，且有相当的储备，因而才能在讨论会当天发表研究三人的评论文章。

李秀龙的《中国文坛上应运而生的"三驾马车"》，提到了著名诗人、河北省作协副主席兼秘书长刘小放，著名作家、编辑家柳萌，也讲到了评论者杨立元的贡献。值得注意的是，他转述了杨立元的话。杨立元提到《贴近现实反映人生——谈河北的"三驾马车"》这篇文章，是全国首篇把三位作家作整体研究的论文。该文受到时任《文艺报》主编的郑伯农的高度肯定，并当即决定于《文艺报》最新一期出刊，而且发表在评论版的头条，而这一天，恰好是"作品讨论会"的当天。因此，杨立元认为，"三驾马车"的叫响，作品讨论会和当天在《文艺报》见刊的那篇文章，二者缺一不可。这篇文章也和杨立元的回忆文章基本一致。但是，"命名"的问题难道是杨立元和刘小放、柳萌是心有灵犀的巧合？是在讨论会策划过程中，"朋友圈"中人有过这方面的议论，因而评论文章就用了这个称呼？总之，杨立元的这篇文章与该讨论会相得益彰、完美配合，使"三驾马车"这四个字在文坛叫响。

之所以回忆"现实主义冲击波"和梳理"三驾马车"的产生过程，是因为笔者切实地感知了其中的轰动事件和曲折，从某种程度上说，这正是《大厂》独特价值的体现，也是谈歌文学史地位和文学影响的直接体现。

三、与多种文学类型和文学思潮的关联

谈歌 20 世纪 90 年代中期的小说，从文学史方面说，也具有承前启后的意义，关联着多种文学类型和文学思潮。

（一）与"新写实"小说的关联

80 年代末 90 年代初的"新写实"小说同样注重故事，注重日常生活，有强烈的现实关怀，能忠实地记录现实。但是谈歌的现实主义和这种"新写实"潮流中的现实主义又有不同。新写实小说的作者们认为生活的真实状态要原汁原味地呈现，他们"不谈爱情"而沉溺于"烦恼人生"，并从凡俗中寻找喜怒哀乐的滋味，这是人生的意义。"在现实主义那里，磨难之下，既有堕落，也有升华，而在新写实主义这里，磨难之下，却一律都是堕落。"[1] 谈歌认同这类写实小说的客观、真切和冷静，但在对现实的态度上，他又有不同看法，在价值取向上与此迥异。谈歌的"大厂"系列小说也写工人琐碎的日常生活，但他们有崇高的精神追求和道德底线，能从平凡中寻找超越的意识。

（二）与"新历史"小说的关联

与同一时期的"新历史"小说相比，谈歌 90 年代中期的历史小说都标榜现实主义。两者虽都有重写历史之意，但谈歌重写的目的是建构，不是"新历史"小说似的，以嘲讽、戏谑、夸张变形的方式来消解历史、颠覆历史，并使之成为个人化的碎片，而是以严肃、正经的姿态和庄严神圣的感情试图重现那段错综复杂、撼人心魄的历史。同时，让那些被忽视的、不被重视的小人物闪亮登场，让他们为推动历史发展做出巨大贡献。小说试图借这

---

[1] 曹文轩.二十世纪末中国文学现象研究 [M].北京：作家出版社，2003：128.

些人物体现出来的人格魅力和道德情操，与当今世态下的人的骨气、操守、良知的缺失形成对比，以期能使人返躬自省。所以，和同时代的作家相比，谈歌吸取了多种创作类型的营养，在创作理念上独树一帜，不跟风、不盲从，体现了创新意识。

（三）与"底层写作"思潮的关联

谈歌还与90年代末新世纪初的"底层写作"思潮密切相关。谈歌在"大厂"系列小说中写到工人生活，尤其是写到下岗工人生活，因而从题材内容上与后来正式提出的"底层文学"有相通之处。"底层文学"在21世纪初被正式提出，它并非横空出世，而有一定的历史渊源并经过酝酿。"当我们回溯文学史、对'底层文学'的前世今生做一个谱系学考察时，就会发现与'底层文学'最为'家族相似'的，就是'主旋律'大厂小说。在'主旋律'大厂小说与底层文学之间，有着传承与扬弃的过程。但是，《大厂》本身由于其浓厚的'主旋律'色彩，并没有被当作底层文学。"[1]该文作者还特意提到张宁的《命名的故事："底层"，还是"新左翼"？———大陆新世纪文学新潮的内在困境》（《文史哲》，2009年第6期）中的观点。他认为小说"大厂"也属于底层文学。总之，谈歌的"大厂"系列小说与"底层文学"具有密切的联系，或可说对后者有某种启示意义。

谈歌是90年代文学创作之"结"，他关联到多种文学思潮和创作倾向，与之有千丝万缕的联系，但又与之不同。他有独特的追求，这显示了其在当代文坛的重要地位。

---

[1] 汪荣.想象底层与再现底层：从"主旋律"大厂小说到底层文学 [J].写作与评论,2013(9):10.

第二节　所获殊荣

谈歌最具影响力的创作有两类：一类是被写入文学史的"大厂"系列小说，这些作品曾引起轰动和热议；一类是被评论者广泛关注，被称为"文化小说"的笔记小说，写活了老保定。另外，谈歌的多篇短篇小说入选小学教材、大学教材、教辅图书和高考真题，它们是《桥》《城市票友》《穆桂英挂帅》《绝品》《秦琼卖马》等。这些小说不仅具有出色的艺术价值和艺术成就，而且具有深刻的思想价值、审美价值、文化底蕴和教育意义。

一、入选国家统编教材

2008 年，《桥》入选人教版五年级语文教材，之后又入选部编版六年级语文教材。《桥》入选统编教材，体现了国家对谈歌作品的高度认可，既是对他艺术成就的肯定，又是对其价值引领的褒扬。全国的学生、老师、家长都知道了《桥》和作者谈歌，这种热度和流传的广度会一直持续下去。评论界、文学界对谈歌的关注和研究，不再局限于学术理论层面，而是有了更多的教学实践的探讨和人文精神的发掘。

《桥》发表之后被多次转载，是谈歌当之无愧的早期优秀之作，更是跨越时代的经典之作。这篇小说 500 多字，却被谈歌灵巧地辗转腾挪，融入了非常精彩的艺术手法。小说中的语言、动作、神态描写和细节处理精到传神，塑造了令人过目不忘、永远为之动容的老汉（老支书）形象。

在教学过程中，可以带领学生赏析小说中的语言，分析作者的遣词造句，品味其中用词的简洁和准确传神，理解小说语言的个性化，进而理解人物的性格和身份。如"桥窄！排成一队，不要挤！党员排在后面！"这句话，作者分了三个短句，用了三处叹号，语言非常简洁，语气短促、有力，带着一种不容置疑、不容否定的坚决。另外，"老汉突然冲上前，从队伍里揪出一个小伙子，吼道：'你还算个党员吗？排到后面去！'老汉凶得像只豹子。""老汉吼道：'少废话，快走。'他用力地把小伙子推上木桥。"这两句重点写人物的语言，精准地运用了动词和神态描写。因此，要引导学生赏析"冲""揪""吼""凶得像只豹子""推"等用语，体会这些词的表达效果，分析老汉对小伙子的两次"吼"的原因。因为这非常符合老汉的身份、见识和历练，体现了老汉作为一名基层党员的果断决策能力和执行力，以及危急关头冷静有方的表现；突出了老汉的无私无畏、不徇私情、英勇献身，同时也有人性化的处理。老汉不是一个刻板和冷酷无情的政治符号，而是亲切可感、血肉丰满的人。《桥》中"桥"的内涵，不仅是小说中那个破旧、年久失修的木桥，也是老汉架起的生命之桥，更是群众对党信服、连接群众和党的"桥梁"。

在教学过程中，还可以充分激发学生的想象力，体会小说中浓郁的画面感、电影镜头感和意境。小说开篇，即是一幅大雨滂沱的画面，这也是人物活动的背景，有效地烘托和渲染了危急、恐怖的氛围，相当于一个中、远镜头。之后，在人群慌乱中出现的老汉，则采用了近景和特写镜头，他清瘦的脸上淌着雨水。之后，又是一片白茫茫的世界，镜头又拉远。最后结尾的祭奠又是一个近景，指明老汉与小伙子的父子关系，这样的处理方式令人惊讶和震撼。小说用简洁的笔墨绘制了五幅画面：洪水袭来、慌乱无序奔逃；老汉镇定指挥，排队过桥；揪出小伙，维持纪律；互相推让，被洪水吞噬；老太太祭奠。整篇小说，简短而结构井然，色调冷峻、格调庄严。

谈歌另外几篇入选教材、教辅的作品，在这方面也都有突出的艺术设计。《绝品》的结尾，刘三爷郑重地将字画送与王先生收藏，并道："我自知不久人世，已无意收藏。这些都是国宝，我身后恐家人不屑。送与先生收藏，我终于算是对得住常先生了。"之后渐行渐远的身影消失在漫天大雪中。"雪，哑哑地落着。四野寂寥无声。"小说结尾的环境描写颇具画面感，非常有意境，格调舒缓、余味无穷，既有一种寂寥忧伤之感，又有恬静淡然的超脱之感。《秦琼卖马》这篇小说从立秋这天的知了鸣叫写起，以"门外已经是秋风一片"收尾，借秋意加深来传达人世的苍凉。

二、入选多版本中学、职业教育、大学教材和教辅图书

谈歌的多部作品还入选多级别、多版本的教材，被收入多种教辅图书和阅读选本，如《桥》被收入《阅读版语文·创新阅读（高一）》《新语文》《名师作文·图拆范文》等。《城市票友》入选大学教材《现代汉语高级教程（上）》。该教材不仅全文收录该小说，还把它作为经典案例让学生学习赏析小说的语言。语言艺术也是谈歌小说艺术成就的突出表现。《绝品》入选《语文基础模块（上）》，

该书是中等职业教育课程改革规划教材。此外，还被《语文》七年级下（长春出版社）、《好望角：通往阅读新大陆的起点（初中版）》、《成功阅读（拓展与提高）》等收入；《秦琼卖马》收入《大语文读本（高中）》（山西人民出版社）；《穆桂英挂帅》收入《大学语文》（东南大学出版社）等。

《绝品》中，情节跌宕起伏、一波三折，开篇即讲到民国年间保定的刘三爷和常先生的君子之交。"常先生学问大，善谈；刘三爷中过秀才，饱学"，这句描写用语简洁、典雅，句式工整、对仗，既符合二人的身份地位，也体现了二人的特长和修养。二人的情谊建立在信义基础之上，"三爷爽快，凡是常先生推荐，一概买下，且从不砍价。三爷的娘子马氏放心不下，瞒着三爷，让下人拿着字画到京城找行家鉴定，货真价实"。接下来，常先生推荐了一张古画，要三千大洋，刘三爷倒吸一口气，有些口软。但常先生说此画实为无价之宝、唐代珍品，主顾急着用钱，才忍痛抛出，劝他不可错过机会。三爷点点头："既然先生已经认定，我明日凑足银子就是。"常先生又嘱咐刘三爷此画万不可示人且若有人开价，出多少也是不能卖的，刘三爷郑重答应。此处，读者可能会有疑虑，并且感觉此中必有蹊跷。之后，经一位古董行家鉴定，说："此画不假，可惜是揭品，便不值几文了。"此时，情节急转直下，常先生形象跌入谷底。再之后，常先生突然深夜来访，并说："三爷啊，人在江湖，身不由己啊。"喝罢酒，天已微明，常先生告辞，此后没有消息。再一年，常先生作为革命党在京城被砍了头，行刑前哈哈大笑，面色如常。这里情节再起波澜，令读者对常先生心生敬意，同时对那幅古画的真伪产生怀疑。及至刘三爷请王商人鉴定常先生推荐的那幅三千大洋的古画时，王商人说："那幅画为宝中之宝，实为揭裱后倒装置了。"王商人慧眼识珠、是真正的行家里手，且是高手中的高手。"所谓倒装置，即把原画揭为三层，后倒前置装裱。笔者猜想，是装裱者担心此画被人夺走，苦心所为。"此画装裱实为绝技，天下一流。论其装裱，更是绝品。古人云，画赖装池以传。果然是了。"……"祖上有训，饿死不卖收藏。"这些话揭示了常先生的良苦用心，也充分塑造了王商人的形象。至此，情节也达到了高潮，常先生的字画为绝品，王商人的见识和人品也为天下稀有。但小说并未就此结束，它用一个更舒缓余味悠长的结尾使情节如潺潺流水，由起伏归于舒缓。

同样，在《绝品》的教学中，也要引导学生思考：文章为何命名为"绝品"，有哪些内涵？显然，这里的"绝"是绝无仅有之意，是一种极致、"最"的状态。小说中的唐代古画固然是"绝品"，由此画牵连在一处的人物也都是"绝品"：常先生大义凛然、正气从容，是人格操守方面的"绝"，他对国宝的珍视是对民族和国家的"大义"；刘三爷对朋友真诚，义薄云天，誓死和倾家荡产也要坚守"信义"；王商人的专业能力和舍利取义，在"义"上他们是相通的、非常人所及的，因而都是独一无二的"绝品"。

三、入选高考题

谈歌的《秦琼卖马》作为现代文阅读题，出现在 2021 年高考语文全国乙卷中。应该说，该作品体现了艺术和教育意义的完美结合。

《秦琼卖马》是谈歌笔记小说中的经典之作。谈歌在小说中不仅大量穿插运用戏曲元素，而且运用了戏曲来结构小说。小说讲述了保定民国时期古玩业界的"奇人奇事"。酷爱收藏、家境败落的京剧名角王超杰来保定找"艺园斋"老板变卖收藏。现任老板杨成岳与王超杰并不相识，但杨成岳酷爱戏曲、敬仰王超杰，因此热情招待，并邀著名琴师张小五为其伴奏，欣赏了王超杰两出戏。之后，杨老板以三千大洋收购了王超杰珍藏多年的雍正年间的官窑粉彩瓷盘，最后亲手将其打碎，因他早已看出此为赝品。杨成岳说："我们听了超杰先生两出戏，也就值这个数了。钱这东西，生不带来、死不带走，送与王先生，也便是用在了去处。"小说在出人意料的结构安排中，塑造了两位主要人物形象：王超杰热爱收藏但心性单纯被骗、因不计名利而败家；杨成岳古道热肠、不动声色仗义帮助朋友，为维护信誉及收藏规矩不惜自己亏损重金。

根据 2021 年高考卷中的参考答案，可以引导学生思考："买卖瓷盘的过程中，杨成岳的心理发生了哪些变化？"这个情节是一波三折的，杨成岳先是无意购买，他看出瓷盘是赝品，但并不说破，以"小本生意"为由婉拒；然后是有意相帮，表示再想想，留下王超杰并细心安排吃住；最后决意相助，对戏剧的热爱、对世道人生的感悟，让他知假买假、慷慨解囊。由"收购——打碎"的过程，可以初步体会小说情节的波澜起伏。

谈歌的作品在当年引起轰动，成为"现实主义冲击波"和"三驾马车"中的重要成员，奠定了其在当代文学史上的地位。同时，他又与多种文学思潮密切相关，而且有很多类型的创作，加上多篇小说被收入各级各类教材、教辅和高考题。作品斩获殊荣，得到国家层面的认可，这一切都说明了谈歌的文学影响力。

第二部分　谈歌作品的文学类型及代表作解读

第四章

幽默讽刺体小说

第一节　幽默讽刺体小说概述

20 世纪 80 年代末至 90 年代中期，谈歌创作了不少幽默讽刺体小说，这些小说从思想内容到艺术特色，都带有谈歌的个性色彩，也体现了他对当时人与社会的关注度。比较典型的，有《假如你第一次扛枪打兔子》《水浒知识智力竞赛侧记》《你有多少聚M烯我都要》《那一阵我正活的没滋味》《我曾让你傻半天》《厕殇》等。

一、思想内容

谈歌的幽默讽刺体小说，从思想内容上看，主要是反映当时的人性与人际关系、文人和文学的地位，以及社会上出现的各种风气和现象。

（一）对畸形人际关系的批判

《假如你第一次扛枪打兔子》中，原本无权无势、籍籍无名的"我"接连投稿命中、发表。单位的领导高副科长劝告"我"该享受享受、该舒服舒服，并借走"我"的必备读物《辞海》。在"我"灵感来袭、刚要动笔创作时，他又来叫"我"去打牌，三缺一，救场如救火。"我"又很随和，于是去了。这样一发而不可收，日复一日，天天三更灯火五更鸡。"我"与高科长每天都红着眼睛上班，经常迟到。但是境遇不同，他是领导，点个卯就没影儿了；"我"却一堆杂事儿。因为出了一个小错，"我"被领导批评："听说你最近总写小说，可不能影响工作啊！美国挑战者号就是因为一个数据搞错了。"这种义正词严的批判，让"我"产生重大的犯罪感。一个月后，高副科长考上了省党校大专班。"我"百思不得其解，他天天打牌怎么考上的？此人不显山漏水，却考上了省党校大专班。他现在教训"我"像教训儿子似的，说："别总玩牌了，玩物丧志，懂吗？"他把《辞海》原封不动的还给"我"。小说借高夫人的话揭示了真相："也不知道他犯了什么邪劲儿，这一个月天天晚上打半宿扑克，回来再复习，直到天亮。"这一情节深刻地展现了人性中无所不在的猜疑、嫉妒，以及由此产生的报复和幸灾乐祸的心理。人际关系中原本该有的互相信任、互相帮助，被使绊子、拆台代替；原本该有的单纯的人性，被种种所谓不显山漏水、真人不露相的城府所压制。

《你有多少聚 M 烯我都要》中，得知"我"有弄到稀缺物资聚 M 烯的渠道后，李编辑、胖主编、妻子学校的校长、七大姑八大姨和其他各种转弯抹角关系的人都纷至沓来。他们对"我"百般奉承、千般尊敬，为的就是得到聚 M 烯，以囤积居奇赚大钱。"我"和妻子曾一度被狂热冲昏了头脑，但之后又被自己乱许的愿吓得心惊肉跳，想回头是岸，便一一向别人解释没有聚 M 烯。但大家都认为，如果能有聚 M 烯，就一定有彩电冰箱化肥什么的。之后，"我"遭遇了信任危机。领导认为"我"有心计、不显山露水；亲人认为"我"抠门、唯利是图。而有地位的同学高博亮并没有给"我"聚 M 烯，而是要和"我"交换，让"我"先从厂里给他弄 10

吨钢材。最终，"我"没有得到聚 M 烯。相反，聚 M 烯大跌价！此时，李编辑和胖主编对"我"的态度发生转变。面对二人的讽刺，"我"报复性地撒谎，说："我有百十台彩电，你们不弄点吗？"小说用夸张和讽刺的语言收尾，恰到好处，"二人一愣，以百米冲刺的速度跑向我"……"今晚我家又要高朋满座了"。小说穷形尽相，人际关系的亲疏远近随着外在物质和利益关系的变化而变化，虽带有明显的夸张成分，却是现实生活的真实反映。

《那一阵我正活的没滋味》中的"我"正处于恋爱中，但不愿花钱陪女友去外地旅游，就各种投机取巧、弄虚作假糊弄她，搞了一场虚假的旅游。"旅行"结束，女友来到首饰店，不管三七二十一，要了一堆首饰要我付钱，名义是为"我"省了一笔旅费，之后又去豪华的星级酒店消费。这篇小说所讲的恋爱中男女的关系，突出了他们不注重情感，不真诚，而是钩心斗角、角逐利益，表现了赤裸裸的金钱至上的畸形恋爱关系。当"我"被豪华酒店明目张胆地宰客后，"我"故意寻衅找事，"我"往楼下吐痰、丢皮鞋砸中杜大宝，并与之对骂，借机出店逃走。"我"拿出 100 元钱给杜大宝作为感谢费，对方不仅没收，还赞助"我"50 元，让"我"去避风头，"我"因此和他成了哥们儿。"我"信任他，把家里的钥匙给了他，让他替"我"看家。结果，他把"我"家洗劫一空。"我"上了杜大宝的当。杜大宝慷慨大义的背后，是更大的贪婪和挂长线钓大鱼的阴谋。"我"与刘大哥曾是共同做生意的哥们儿。但当"我"困顿向他借钱时，他只顾打麻将并不理"我"，还轻描淡写地说："你饿死不饿死关我屁事！南风！"这句话充分揭示了与所谓哥们儿之间的关系。谈歌用戏谑和不动声色的讽刺口吻讲述了"我"在人际关系中的种种失败，批判、讽刺了物欲世界中的畸形人际关系。

（二）对文人、文学爱好者和文学处境的忧虑

《你有多少聚 M 烯我都要》开篇就写到"我"热爱文学并写了 20 年，但至今没有多大起色，以致困惑是自己折腾文学还是文学在折腾自己。当年学习成绩总在及格与不及格之间打秋千的老同学高博亮，竟然已是 A 市经委副主任，他劝"我"不要再写小说，要搞点买卖，答应给"我"弄 10 吨稀缺物资聚 M 烯。聚 M 烯对"我"的人生走向产生了严重影响，物质利益逐渐取代了内心对文学、对理想价值的追求。小说结尾，"我记得很清楚，的确是从这一天开始不想写小说了"带有深沉的感叹和遗憾。

《水浒知识智力竞赛侧记》讲述了"我"从小喜欢《红楼梦》并在 A 市举办的"《红楼梦》知识智力竞赛"中得了第一名。之后引起了一系列近乎疯狂的连锁反应，先是"我"被报纸广泛报道、极力吹捧，"我"俨然成了红学新秀。A 市也在全国产生强烈反响，备受关注，市长受宠若惊，自筹经费，着手准备"水浒知识智力竞赛"，从而掀起了一股研究古典文学的热潮。小说用夸张和反语的方式，揭示了文学在市场经济中表面上风生水起、被广泛关注和重视，甚至作为旗帜招摇；实际上，批判了文学俨然成为被利用的棋子，成为谋求利益、沽名钓誉的手段。

《我曾让你傻半天》中的"我"三年下来，除了退稿就是退稿，越干越糊涂，困到无产阶级的境界而想让汽车撞死。在"我"快坚持不下去的时候，市文联牛坦然打电话给予鼓励，并把稿子推荐到省大型刊物《小说宇宙》上发表。实际上，牛坦然也是泥菩萨过河，自己的作品都发表不了。"我"被《小说宇宙》的李编辑嘲讽与奚落。此时，《小说宇宙》已经改为专门刊发名人轶事、凶杀、

侦探等吸人眼球的杂志了。小说直接而全方面地展示了文学、文化市场的种种乱象，"文学走向菜市场是文学的必由之路"，体现了谈歌对当时文学处境的无奈和忧虑。

（三）对社会各种负面现象的揭露

作为作家和记者，谈歌对社会现象、热点问题等更敏感，往往表现为一种讽刺、批判性的揭露，尤其是对负面现象的揭露，当然，也有对某些现实的感慨和无奈。

比如，《假如你第一次扛枪打兔子》中提到的普通作者发稿难的问题，没有关系和内线几乎不可能发表，反之，连续发表一定是有某种特殊关系，这几乎成了人们的共识。《你有多少聚M烯我都要》中，揭示了充分利用职务之便为自己谋利益的现象，也揭示了人在群体中的地位主要由其经济利用价值来决定的价值观的失衡。《厕殇》讲述了领导打着解决办公房源紧缺问题的旗号，将厕所改建成办公室导致员工无处上厕所的故事。小说深刻揭示和讽刺了当时社会中广泛存在的各种主张和新形象、新花样，尤其是打着勇于改革、大胆创新旗号的不合理、荒唐现象。

二、艺术特点

谈歌的幽默讽刺小说有鲜明的艺术特点，体现了作者的艺术个性。

（一）采用第一人称，以"我"的口吻叙述

小说中的叙述者"我"，既是故事的叙述者，也是故事的参与者，而这个人物或者是文学爱好者、文学事业经营者、作家，或者是工人、企业管理者，总之，都与谈歌自身的经历密不可分。作者将自己的经历、体会、感受适当带入小说，使基本的故事情节显得

真实可信。更重要的是，叙述语言更具作者的个性特点，极易让我们把故事中的"我"和作者谈歌混同。而且谈歌还故意制造这样的"误会"。比如《我曾让你傻半天》中，"我"创办作家公司、挂出的牌子就是"谈歌作家有限股份公司"，这使得"我"强调的原因、道理、借口、观点、心理独白和议论抒情等，都带上些许谈歌本人的特点，粗犷、率性、聪明、真诚、质朴等。而没有正形的人物语言和明显荒唐的行为，则较好地达到了间离的效果。如"经营方式是批发、零售。出租作家及作家文稿。并承揽征婚启事寻人启事告状信认罪书检讨书等撰写业务"则拉开了谈歌与"我"的距离，让读者从中感受到了潜在叙述者的不认同、讽刺的态度。

（二）大量运用夸张和反讽的手法

小说普遍采用夸张和反讽手法，通过大量铺排营造一种酣畅淋漓、穷形尽相的语势，而且很多地方作者故意不加标点，为的就是让人目不暇接，借此展示一种潇洒、自我解嘲、玩世不恭、肆无忌惮、不说痛快誓不罢休的姿态。

《假如你第一次扛枪打兔子》开篇就用一种自嘲和调侃的口吻说"我突然忘记自己姓什么了"，让人摸不着头脑。但用这种语言形容自己无门无势却接连投稿成功的狂喜，再合适不过，形象地描摹了意外之感、莫名兴奋、得意忘形、飘飘欲仙，激动得不知该说什么好的心情。小说中用一系列夸张和铺排的语言描摹了普通文学爱好者"我"连发三篇小说后的狂喜："心跳加快，手足冰凉，头晕目眩，地球停止转动，喜马拉雅下沉，太平洋马里亚纳海沟上浮。我猛然想起咬舌头，疼，不是梦。几秒钟之内，我仿佛走了十万八千里。发出了重重的，悠长的，不分国别，不分人种，不分民族，人类社会通用的感叹词——啊！"这段文字形象地描述了嗜瑟、因狂喜而失了自知之明的主人公，急于表达出这种不易言传的感觉。作者用"假如你第一次扛枪打兔子"做类比，在语言处理上有口若悬河之感，在修辞运用上也非常密集，一连串铺张和排比，同时强调所谓的"推理"，用一本正经的、严谨而周密的推断论证了自己是"最伟大又最幸运的猎手"。

《水浒知识智力竞赛侧记》中，厂里强行派并不喜欢、也不懂水浒的"我"参赛，并给"我"很宽裕的条件，领导的逻辑是"能拿红楼第一就能拿水浒第一，谁不知道《红楼梦》比《水浒传》深多了"。小说用夸张而调侃的语言讲"我"憎恨曹雪芹，进而憎恨姓曹的，"老婆如果姓曹，一定和她离婚"，充分表明"我"的无奈和气愤。小说中的词汇也带有鲜明的夸张反讽色彩，比如"妻管严"、"床头跪"和"'水学'研究会副会长"等。小说还用夸张的手法写出了本市在竞赛刺激下的疯狂状态：有关水浒的各种书都已脱销，各种考证泛滥成灾，越来越离谱，甚至考证出宋江曾在本市一个四合院下榻过，扬言要保护文物、借机收费；商讨成立"水浒节"；等等。小说借夸张、铺排、调侃、反讽的语言大胆地揭露了文化领域的荒唐和种种噱头。

《厕殇》开篇更是极尽铺排夸张之能事，给我们展现了一幅旅途逛街购物的美好、潇洒、惬意的画面。但之后就出现了戏剧性的情节反转，想上厕所的欲望越来越急迫，于是呈现出一幅被尿憋坏、迷失方向、踏破铁鞋就是找不到厕所的狼狈不堪的情形，并将这种情形用"人间悲剧"一词来形容，由此说明厕所的重要性。小说用一系列夸张、讽刺、调侃的手法写了 A 公司内发生的一连串荒诞不经的厕所改革，但作者的叙述却是非常严肃和一本正经的，在庄严与可笑的反差间达成了讽刺效果。

（三）通过戏仿制造幽默讽刺效果

戏仿就是在模仿的过程中将之前严肃经典的东西滑稽化、诙谐化，从而产生幽默和讽刺的效果。《那一阵我正活的没滋味》中，小说戏仿了歌曲《冬天里的一把火》："你就好像缺把火儿，傻乎乎地爱上我。你却死皮赖脸爱上。你的小眼睛近视 800 多，好像绿豆里那最小的一颗，我虽然很生气，可是不敢说，我也知道你，你是真心敢掐死我。你就好像缺把火……"《厕殇》中领导讲话用的打破"大锅厕"显然是对"大锅饭"的戏仿。当时，在改革的潮流下，"打破大锅饭""发挥个人和企业的主观能动性"是时代流行语。另外，"钻改革空子""破坏劳动纪律""胡乱上厕所"的行为引起了领导重视。他召开会议严肃批评，并成立"上厕委员会"。这里的"上厕委员会"，显然也是对当时成立的五花八门的委员会的模仿。"法不责众，掀起不管不顾的嚣张厕焰"及"街道委员会生财有道，本着靠山吃山靠厕吃厕的方针收管理费"中，明显有对"嚣张气焰"和"靠山吃山靠水吃水"的仿造。

小说用语寓庄于谐，将严肃和正经的事物与现象游戏化、故事化、戏谑化，成为一种消解和调侃，同时也是对当时媒体风气的一种批判、一种嘲讽，对一些偏激、只做表面文章、不顾现实的形式主义和种种改革乱象进行批判。

第二节 《那一阵我正活的没滋味》解读

《那一阵我正活的没滋味》发表于《小说家》1991 年 12 月第 6 期（总第 47 期），由百花文艺出版社出版，是谈歌幽默讽刺小说中比较独特的一篇。它不再用其他小说中的文人、文学爱好者、行政领导、作家等叙述身份，而是拉开人物与高雅、上层的关系，采用普通大众的视角。通过人物调侃自己在现实生活中的种种无奈、失败以达到自我解嘲的目的。小说中既有婚姻的破裂，也有吝惜真情的、虚伪的无效追求，同时还有种种生活的艰辛，处处是不得志、不如意。因此，作品中的人物是普通大众之一员，是苦闷而玩世不恭的代表，因而其语言和行为有一种吊儿郎当、满不在乎的放肆和张扬。这样，就形成了语言风格上的调侃。

一、以普通大众的视角调侃讽刺现实

小说正文第一句话是"那阵儿我正鼓足干劲跟老婆闹离婚"，这看上去是一个比较正常的开头，且颇为利索，语言却非常突兀，很抓人。"鼓足干劲"这个略带庄严感的词用来形容和老婆离婚透露了一星点调侃。从第二句开始，调侃意味越来越浓。"我爷爷没离婚，我爸爸没离婚，我闹离婚本身就是一代更比一代强的铁证"，这句话凸显和强化了小说中"我"那种没有正形的感觉。工作人员问"我"们为什么离婚，"我"说因为"我"们总争论；工作人员问争论什么，"我"说"农业问题！"农业问题？""我说她该活埋，她说我该活埋。"这是典型的把对象托比成事物，使之更形象化、戏谑化。

"我"认识并爱上了在舞厅伴舞兼职卖烤红薯的 A 女郎，"我"昧着良心说自己祖上三代都是制作和销售烤红薯的。我把从街上买来的几块烤红薯递给她，说是托人从四川捎来的以表我诚恳的慰问。""味道不错，只是这四川人太脏了，用旧报纸包食品多不卫生啊""没关系，这是《健康报》"。这里的"不卫生"和《健康报》简直就是诡辩。小说形容 A 女郎在剧团拉大幕的男人是"纸老虎"，这显然是将日常的平庸与政治的庄严杂糅，具有诙谐和调侃色彩。

小说中，既有对身体疲惫但精神充实、身体安逸但精神空虚人物形象的揭示，也有对普通大众群体精神状态的关注，还有对生活负面现象的揭露。尤其对店大欺客的"宰客"和"天价菜"现象给予讽刺。高档豪华餐厅以种种名目收费，所谓私人订制的音乐演奏服务也不过是个幌子，点一段肖邦的钢琴协奏曲，放出的是一段河北秧歌；"换施特劳斯的来听听"，还是河北秧歌；"换贝多芬的"，这回是东北二人转。小说中的"我"问服务员贝多芬是哪儿的。服务员明目张胆地说："您可以假定他是东北长春人。"直到"我想听听哀乐你们这儿有吗"，服务员才毕恭毕敬地回答对不起，诺诺退下。饭店菜品的名目更是"新意百出"，但无一实用，价格更是贵得离谱。"龙凤呈祥，950 元；虎跳涧，670 元；龙虎斗，360 元。我衣兜里那点兵力，根本抵挡不住。……我感到各取所需的共产主义社会是那样遥远。"小说用调侃的语言表达了主人公对窘境的无奈。这些夸张背后，是当年某些负面现象的真实再现。叙述者更是轻描淡写地讲到"我"铁路上的哥们儿，是个小头头，有点小权力，能办事，十分乐意跟"我"们大家走共同富裕的道路。由此可见，利用职务便利为自己营私，显然已经成为司空见惯的事情。小说以普通大众的视角调侃讽刺了社会现实，给人真切、熟悉的感觉。

二、"侃"的语言和结构方式

《那一阵我正活的没滋味》是谈歌所有幽默讽刺小说中随性而为的一篇。其他小说中的叙述者"我"，可能多少都有作者的某些切身经历或体会，而这一篇几乎没有作者真实生活的影子。作者完全凭借虚构和"侃"来结构小说。"侃"含有调侃之意，带有开玩笑、戏弄、嘲笑、戏谑等意思，是一种语言风格，同时也是一种叙述风格、一种行文的结构方式。"侃"的姿态随意率性、无拘无束，这是小说中人物的特点，更是小说的语言特点和结构方式。

（一）"侃"是一种结构方式

小说没有明确的情节线索，没有鲜明突出的核心事件，所涉及的所谓事件也没有前后联系、没有因果关系，各个部分呈现碎片式的状态，结构上不严谨。行文的推进完全依赖"侃"。也就是说，小说通过发表议论、海阔天空地神聊和天马行空的想象，外加大胆、夸张的铺排类比，由此及彼地串联情节。没有既定的情节，也没有鲜明的人物形象。作者兴之所至，想到哪里写到哪里，到处是无所不知的吹牛式的宣泄。时代焦点、时尚词汇、经典语录、流行歌曲等都被拿来开涮，确实有一种宣泄的快感。

这种 "侃" 的结构方式，是时代思潮在文学上的反映。20世纪80年代末到90年代中期，随着商品经济的发展、大众文化的盛行、新的外来文化的冲击，传统的价值观面临挑战，受到公然地挑衅，因此大量作品充斥着解构和破坏的快感。很多人，尤其是时髦的青年人沉浸于肆无忌惮的狂欢中，喧嚣，躁动，找不到方向，也找不到自我的真正价值，故而产生一种 "生命不能承受之轻" 的焦虑和迷茫。行为方式的 "痞" 气和态度的玩世不恭，表现在小说中就是语言和结构方式的 "侃"。

（二）用调侃达到幽默讽刺的效果

小说开篇不久，就是一段 "侃" 味十足的语言："我曾经还是挺爱情的，在我把她提高到老婆的岗位之前，她一激动，结果为我刮了一回孩子。那时我总怀疑是否刮掉了一个省长或更大的革命干部。那娘儿们硬说刮掉了一个希特勒。我说那你应该到联合国领取世界和平奖金，你避免了第三次世界大战并为人类正义的美好的进步的事业做出了巨大的贡献与你相比人造卫星算个屁。"

这段话给人一种刹不住闸的感觉，行文中间甚至没有加标点，带着来不及喘口气的 "嗨" 的状态，信口开河、无所顾忌，颇有将一切拿来开涮的意思。这既是对当时文坛风气的有意模仿，又与作者本身性格开朗、爱开玩笑、幽默风趣有关，更是大众文化向读者大众阅读兴趣的自觉靠拢。玩笑、调侃、吹牛、适度搞笑等都是大众文学屡试不爽的要素。

谈歌在调侃中多采用游戏式，或者将不同等级、不同情感色彩的词语进行嫁接，或者模仿大众所熟悉的作品，尤其是词句、态度、语气和思想的模仿。表面类似，实质却意趣迥异，从而形成反差，达到幽默和讽刺的效果。"看起来欲制胜以智取为高。参谋长的教导又及时地在我耳边响起"则是将样板戏中的语言嫁接到"我"的妄图逃单行为中。老婆突然扇了"我"两记耳光,"我被打愣了,没想到她对希特勒的突然袭击的军事思想还颇有研究",调侃了"我"的无奈。"打老婆是爱情的一种标志,打是亲,骂是爱。不爱麻将能打麻将吗?不爱扑克能打扑克吗?不爱老婆能打老婆吗?"这种语言逻辑看起来比较机智,但其实是诡辩。油滑的效果、斗嘴的快感、智慧的较量,俏皮生动的语言,形成了一种张扬、恣肆、天马行空、非常自由的"侃"的语境。

三、亦庄亦谐的风格

小说正文之前有一个题记:"人生有两大痛苦,一个是追求得不到的东西,一个是得到了追求的东西。这话挺绝。忘记是谁说的了。大概是个外国老头。"这个题记前半部分的语言比较严肃,充满深刻的哲理意味;后半部分则是"挺绝"。这样的白话和"老头儿"这样调侃色彩的口语,风趣诙谐。由此可以想象出,叙述者有一定的深沉的生活感悟,同时又有相当的诙谐和随意,从而使其作品具有亦庄亦谐的风格。

(一)庄词谐用

运用"庄词谐用"的手法,达到亦庄亦谐的效果。小说中的"我","自小没了父亲,听妈妈说他是为了誓死捍卫谁的革命路线宰了几个都是来自五湖四海的别人,又被为了一个共同的革命目标走到一起来的别人宰了"。这段叙述是对特殊时期话语方式的模仿。"五湖四海""革命路线""誓死捍卫"都是大词,带有浓郁的政治意味和感情色彩。接下来却将这些带有庄严和正经色彩的词与烤红薯并置:"父亲在'文革'中成立烤红薯战斗队,结果被'四人帮'

关进牛棚含恨死去，以致我家烤红薯技术失传，这是我国烘焙技术的重大损失。"这里综合运用了"大词小用""庄谐并置"的手法，此时庄严也被拉到了地面，产生了反讽的效果。

（二）调侃中插入严肃、深沉的语言

谈歌有时在调侃的叙述主调中，故意插入严肃、深沉的语言来突出人物的见解，使小说呈现一些哲理色彩、辩证色彩。这里表面上是人物故意语出惊人，但实际表明了他们在现实生活中的卑微和无奈，有点苦中作乐之意。这正是从普通大众视角展现的一般现实。小说中有多处这样的语言，比如，"人个屁！没钱的时候，扑下身子死乞白赖折腾钱累得放屁都嫌费劲，倒活得蛮有滋味，有了钱，可以挥金如土像个大亨，倒活得没滋味"。小说结尾写道："我开始在街上卖烤红薯，我打定主意不到刘大哥那里去了。李莉说要成立一个烤红薯公司，我知道那样一来，又要累得臭死臭死的了，我也知道那样一来活的就有滋味了。他妈的滋味啊！"这部分是小说的点题之笔。这段一本正经的调侃，具有深刻的内涵，展现了亦庄亦谐的风格。

第五章

现实主义小说

第一节　现实主义小说概述

　　20世纪80年代末90年代初的当代文坛，现实主义文学思潮受到严重挑战，到90年代中期，从谈歌的小说《大厂》的发表开始，相继有一批作家如关仁山、刘醒龙等发表了一批反映国企改革过程中因遭遇艰辛和困境而令人困惑的问题的作品。这些作品着重描写国有大中型企业在改革中面临的困境，揭示了社会转型时期的独特风貌。与当初疏离现实生活的作品形成鲜明对照，这种数量较大以且以集束方式出现的小说写作现象，被评论界称为"现实主义的冲击波"和"现实主义的回潮"。

　　1994年，谈歌在《北京文学》第7期发表了《大忙年》，这是创作现实主义小说的一个尝试和开端。之后，谈歌相继完成了代表作"大厂"系列小说、《天下荒年》和《都市豪门》。

一、"大厂"系列小说

　　"大厂"系列小说将笔触由普通劳动者、底层工人和一般市民等处于城市底层者转移到政府官员、商界大佬等上层社会的人物；由关注国有企业到关注私营企业。小说描写了春江市最大的民营企业——蓝天集团的发展史，并重点展现了该企业董事长袁家梁的发达、发迹史，塑造了一位与众不同的商界大佬形象。同时，以袁家梁和袁氏家族为中心，展开了与其周围的各色人等之间的关系，展现了商界搏杀、宦海沉浮、情场恩怨，从而真实地展现了当代都市纷繁复杂的生活画卷，给当代都市文学提供了诸多宝贵的成果。

二、《天下荒年》

《天下荒年》发表在《北京文学》1995 年第 10 期。小说讲述的是 19 世纪 60 年代的故事，关注现实。更加独特的是，作者从生活的表象中看到了那个年代的独有的、纯粹的精神。

三、《都市豪门》

《都市豪门》由百花文艺出版社于 2004 年 8 月出版，是根据发表于《十月》杂志 2002 年第 2 期的中篇小说《城市传说》改编而成的长篇小说。《都市豪门》是谈歌在都市文学方面的集中展现。

第二节 "大厂"系列小说解读

1994年，谈歌构思了《大厂》，还构思了《年底的事儿》。《年底的事儿》写完后，他寄给《中国作家》发表，名字改为《年底》。之后，谈歌开始写《大厂》，断断续续写了半个多月，完成后寄给了《人民文学》。大概是一个星期，有了回音儿，说留用了，编辑是李敬泽。小说原名是《震荡》，"震荡"给人尖锐的感觉，故改名《大厂》，之后又在《人民文学》发表了《大厂（续篇）》。现在回望20世纪90年代中期的"大厂"系列小说，更能发现其内在和外在的意义和价值，这些作品所表现的内容、所反映的问题，至少是中国改革开放进程中不可回避的一环。"大厂"系列小说具有多方面的成就和意义。

一、塑造典型环境中的典型人物

作为一部小说，《大厂》首先展示了它属于文学的独特价值。令人难忘的成就，恐怕还是他在小说中塑造的一系列人物形象。

（一）真切自然地塑造了工人形象

谈歌充分贴近生活，关注当下，尤其是关注社会转型时期人们的精神状态。他调动了自己当工人、机关干部、记者时的生活积累，再加上作家的敏感性和责任感，准确地捕捉住了 20 世纪 90 年代中期，社会转型时期国有企业普遍存在的现实问题，客观、真切地展现了"大厂"在市场经济冲击下的困境，重点塑造了一批普通工人、企业管理者和改革者形象，既展示了他们的客观现实生活，也展示了他们在新时代来临前所有的困惑、无奈、迷茫、痛苦、挣扎、苦斗等精神状态。

谈歌小说中的企业管理者或者改革者形象，他们同属于一个群体，本质都是工人阶级，即使是企业领导层，也没有身份或地位上的优越感，他们往往能够与工人同甘共苦，能够与工人打成一片，以厂为家。当然，这里也体现了谈歌小说的叙事策略。小说中的工人们都抽烟、喝酒、脏话连篇，动不动就拳脚相向，充分表现了工人兄弟性格方面的质朴、真诚、热情、粗犷、豪爽，也突出了他们心理的无奈、痛苦、焦灼和迷茫。

谈歌在回忆与当时《人民文学》责编李敬泽交往时谈道，李敬泽称他"知道企业的干部工人怎么说话"[1]。这个意思显然有对谈歌的夸赞，赞其对工人观察仔细、体会深刻，对人物把握得准确、真实、生动。谈歌完全是"贴着人物写"，这当然离不开谈歌真实的工作经历和体验，他将工厂看在眼里、将工人放在心里，将自己"泡"在生活中。所以，他所塑造的人物形象、所展示的生活现状都那么真切自然。

（二）展现了道德理想主义和崇高悲壮的美学风格

小说中人物的这种外在言行上的无奈、痛苦、迷茫等特点，主要是基于生活的变化产生。随着市场经济而来的一些新现象、新问题逐渐暴露出来，他们无力把握，也不能立刻扭转一些为他们所不

---

[1] 谈歌，姜广平. 经验永远都是第一的 [J]. 西湖，2013（11）:103.

喜欢、不熟悉、看不惯的生活现象，他们自身的、传统的价值观念受到了前所未有的冲击，他们的行文准则也受到了挑战。对此，他们表现出不理解、无奈，甚至有一定的愤慨情绪，但最终他们没有随波逐流，他们坚守了自己的信仰并求得了精神上的满足，获得了崇高感。基于此，谈歌笔下的工人群体表现出了不同于以往和以后的独特的阶段性特征，明显地属于后来提出的"底层写作"的题材范畴。这也是谈歌小说对后来的"底层写作"产生某种启发性的原因。谈歌也因此成为最早写下岗工人题材作家中的一员。

《大厂》中塑造的人物形象既具有个体性格特征，也具有阶段性特征，具有普遍性。小说中主要有三类典型人物：一类是以吕建国为代表的挣扎奋斗型；一类是以章荣为代表的公而忘私型；一类是以小李、魏东久为代表的良知未泯型。吕建国在工厂不景气、债台高筑、工人寻衅滋事、各种矛盾纷至沓来时，临危受命，他自知不能挽狂澜于既倒，但明知不可为而为之。经过种种努力，多方协调、奋力挣扎、勉力维持，他表现出了一种坚毅果敢的性格。

《大厂》中描写了那个时代的典型环境，"大厂"几乎是转型时期企业的缩影，如同行驶在大海中的一艘破败的旧船。风雨飘摇之际，吕建国不能弃船不顾，他必须与船上的同事同甘共苦、勉力维持，争取靠岸或找到避风港。所以，吕建国必须四处奔忙，火线急救，处理各种棘手的问题，周旋于各种人际关系中。吕建国作为企业管理者，与蒋子龙的《乔厂长上任记》中的管理者乔光朴相比，缺少了那种自信、笃定，更缺少大刀阔斧、睿智果断的精神。应该说时代不同，企业面临的景况也不一样。乔厂长处于改革开放初期，昂扬的时代旋律和锐意改革的精神，使作品有更多乐观向上的势头。乔厂长是企业管理者，更是一个改革家。吕建国也的确没有展现出后来企业管理者的足够能力和智慧，他不像《都市豪门》中的家族企业、民营企业家袁家梁能左右逢源，更不具备现代企业管理的手段。但我们不能苛责吕建国，这是时代和历史的局限使然。吕建国所处的时期改革正在逐渐推进，由计划经济向市场经济过渡的过程中，市场经济还处于探索阶段，没有明确的文件进行规范。但是在此过程中，吕建国的坚持、自律是令人动容的，他表现出了明知不可为而为之的果敢，也表现出了困兽犹斗般的勇气，体现了对自身尊严的维护和看重。

二、忠诚地记录时代

"大厂"系列小说除了本身具有的文学价值，不可否认的，还有它的时代意义和社会意义，它是时代的记录。

（一）忠实地记录转轨期国有企业的状况

《人民文学》1996年第8期的编者按《关于〈大厂〉及其续篇的话题》写道："小说《大厂》之所以引人注目，是因为作品真实地写出了转轨期国有大中型企业面临的困境，写出了在困境中人们的种种心态和不屈不挠的苦斗精神，写出了人们在患难中的真情。而在《大厂（续编）》里，作者则致力于价值的重建；在由计划经济走向市场经济——社会主义市场经济——的痛苦新生中，人们应否保持和如何保持某些价值并重建某些价值。"可见，《人民文学》对谈歌这两部小说的评价很高。2018年底，我赴海南大学参加"跨学科视野下的中国现当代文学"学术会议，提交的论文即是关于谈歌研究的。当时分会场评议人听完我的简短汇报后，深有感触地说，谈歌在20世纪90年代中期的《大厂》影响力太大了，尤其是他写的工厂以及工人生活的现状。在我看来，这番话既是从专家学者的角度，更是从普通读者角度来评价《大厂》的。的确，"大厂"系列小说影响广泛，有时代的针对性，有内容的聚焦性，对90年代社会转型时期的社会现状和人民生活给予了细致和全方位的记录。可以说，谈歌是国企改革领域中行动最快的作家，也是一位"敢于吃螃蟹"的作家。当然，编者按对作品展现的不屈不挠、苦斗的精神风貌和患难见真情等伦理价值观给予了肯定，这也是谈歌小说具有重要的思想价值的体现，也是获得"官方"和主流媒体肯定的原因。

（二）从日常细节切入，以小见大，展示社会生活的复杂

谈歌作为工人阶级的一员，他对工厂、工人的记录更加细腻，也更真实，往往能够从细节切入，小中见大。《大忙年》以日常生活为切入点，以主人公陈浩五天的年节生活为线索，揭示了社会、家庭、人际关系、价值观念等多方面的问题。小说第二节讲陈浩到岳母家，因其经济地位的变化导致其家庭地位发生变化。陈浩之前作为国企的中层管理者，曾经是岳母的得意女婿，但现在沦落为下厨做饭、最后上桌者。几个姐夫也因能赚钱而有高高在上的优越感。只有作为教师的二姐荷依然保持质朴的本色，对陈浩有同情和敬意。这个情节揭示了90年代初期随着以经济建设为中心而逐步产生了金钱至上、以金钱作为衡量人的唯一标准现象，并由此产生了不同传统的价值观念。对此，有人无奈、有人跟风、有人坚持传统坚决反对，通过这个场景，谈歌忠实地记录了百姓日常生活，描述了不同的行为方式，揭示了不同思想的碰撞和价值观念的冲突。

《大忙年》中另有一节，讲陈浩为了给自己的姐夫解决工作而四处奔走。这一线索首先表现了工厂的不景气、管理混乱、发不出工资、生活困难的现实。接着，陈浩找不同人、不同关系，揭示出

了当时人际关系的复杂。而这些社会生活和家庭日常生活的琐事，让读者感同身受，甚至觉得小说就是直接为自己发声，因而与作者产生了共鸣。李敬泽称其有一种"体验性的剧场效果，观众完全投入情境，感同身受"。

（三）时代的纪录片

谈歌曾说，"大厂"系列小说在某种程度上是自己新闻工作的副产品，带有纪录片的性质。他所谓的"新闻工作的副产品"，实际就是指小说内容的真实性、客观性。当然，此处的真实是艺术的真实，是可有和必有的真实，并非一一与现实对号入座，即谈歌所谓的"都是虚构，只有情绪是写实的"。谈歌当年考察、采访，走访过很多企业，所接触的人、事，所处理和面对的问题具有同一性。比如，企业经营困难，工人开不出工资，职工积极性不高，个别工人想不通、开小差，有人泡病号、有人舍不得花钱看病，孩子入托难、上学难等等，这些问题是非常普遍的。总之，这些都是那个时代企业负担沉重、生产和管理制度落后带来的一系列问题。

时任《人民文学》的编辑李敬泽曾说："那时强调了'对话'，因为'现实'正以'问题'的方式呈现出来。1995年、1996年正是国企改革的关键时期，最终的方案还没有拿出来，但问题已经摆在桌子上了。"[1]谈歌即是通过"问题"的形式揭示了当时的社会现实。国有企业必须要改革，但是还没有具体改革方案的时候，工人情绪上必然呈现困顿和茫然。因此，谈歌作品呈现的工人的面貌带有鲜明的时代特点。谈歌就是以一个家庭、一个企业、一个订货会

---

[1] 李敬泽, 李蔚超. 历史之维中的文学及现实的历史内涵：对话李敬泽 [J]. 小说评论, 2018(3):8.

为切入点、为案例和标本，如实解剖，如实记录了那个时代的社会面貌，像一部纪录片。

（四）认识社会、了解民情的重要参考

当年《大厂》的发表，在社会上、评论界引起了一波三折。时任《人民文学》主编的程树榛回忆中提到中宣部文艺局的一位同志打电话，专门要刊载《大厂》的那期《人民文学》，因中央领导正在开会，指名需要参阅这篇作品。中央领导认为小说真实地反映了当前工矿企业的困境和广大职工的精神状态，很有参考价值，故要求尽快将这本杂志送到他正在北戴河主持召开的一个会议上去，供与会领导同志参阅。[1] 这段回忆中最突出的词应该就是"参考价值"和"参阅"。一部小说居然可以成为中央领导召开会议的参阅资料，这甚至可以让人想象它可能影响决策的制定。

时任《人民文学》编辑的李敬泽回忆《大厂》发表后经历的起起伏伏时，说："但是，你知道后来很快大规模的国企改革就启动了。"由此可见，《大厂》最终获得'肯定'，应该与其符合国家启动国企改革的'调子'分不开"[2]。《大厂》具有某种预见性，具有参考价值，自然获得了高度的认可。李敬泽也曾在 1996 年第 3 期的《人民文学》卷首语中提出过一种文学倡导："我们希望我们编发的小说将为一部宏伟的'人间喜剧'提供人物、情境和章节，也就是说，我们意识到我们面对的紧迫而重大的文化使命——留下这个时代的风俗史和心灵史。"显然，谈歌的"大厂"系列小说记录时代的这一特点无形中暗合了《人民文学》的期刊导向。所以，其对时

[1] 程树榛. 原《人民文学》主编回忆：《大厂》前后暗潮涌 [N]. 北京青年报，2016-05-06.

[2] 李敬泽，李蔚超. 历史之维中的文学及现实的历史内涵：对话李敬泽 [J]. 小说评论，2018(3):8.

代记录的意义无论在当时还是现在，都有重要的史料价值和参考价值，"实际上也是借由对作品的解读来重新绘制中国改革的路线图"[1]。

三、体现丰厚的思想和积极的社会价值

前文提到对"大厂"系列小说的评价一波三折，正说明其具有丰富而复杂的思想，这正是其价值所在。

谈歌在小说中大胆地揭示了各种社会问题，尤其是负面现象，比如请客送礼、公款吃喝、裙带关系、贪污腐败、投机钻营等等。《大厂》因而被认为是对社会的阴暗面反映过多的作品，影响不好。这恰恰说明，作者怀着赤诚和焦急，想看清社会到底怎么了，表现出一种"揭出病苦以引起疗救的注意"心态，因此笔触比较真实而大胆，带有明显的批判意识。由于是社会转型时期，问题过于复杂，所涉及的并非一个领域或细枝末节的问题，因而作者也表现出了相当的忧患意识和无奈的情绪。作者并不能给出一剂良方来解决这些问题，即便如此，他也没有放弃作家的责任感和使命感。所以，在借他人之口发泄无奈时，他在小说中也表现出了对普通大众，尤其对底层工人的人文关怀，表现了企业管理者和某些德高望重的工人的悲壮行为和精神感召。

小说中还塑造了一批"章荣式"的劳动模范，这些人物身上体现的高尚道德情操和人格魅力，对人的精神有一种荡涤净化的作用。小说中的人物尽管各有缺陷，但在道德上都是完善的，这恰恰表现了一种善和美。善和美同源，根源在于"爱"。小说中的爱工

---

[1] 汪荣.想象底层与再现底层：从"主旋律"大厂小说到底层文学 [J].写作与评论，2013(9)：11.

厂、爱集体、爱阶级兄弟姐妹、爱劳动、爱初心等恰恰表现了谈歌的人文关怀。因此，谈歌小说中的人物在道德上都呈现了理想状态。也正是因为如此，谈歌小说也被视为主旋律小说，反映了主流意识形态。从人文关怀、道德召唤这个角度讲，"大厂"系列小说的确具有主旋律小说的特点，以现实主义的手法客观地呈现了矛盾纠集的"现实"，体现了作者思想的丰厚和复杂写作技巧。

谈歌小说完美地将揭露、批判社会转型时期的负面情绪转换为弘扬主流价值观，能充分体现作者的忧患意识和悲壮、崇高的美学价值。因此，这些作品除美学价值，还有社会价值，都体现了政治向度和伦理承担意识。"绝不能仅仅把它们指认为所谓的'纯文学'，而是将作品'重新语境化'，将作品还原到历史之中，才能通过文本与场域的互相指涉来重构作品的意义世界。"[1] 总体来看，"大厂"系列小说体现了丰厚的思想和积极的社会价值。

---

[1] 汪荣.想象底层与再现底层：从"主旋律"大厂小说到底层文学 [J].写作与评论，2013(9)：11.

第三节　《天下荒年》解读

　　《天下荒年》在 2020 年第 8 期的《北京文学》上，作为 70 华诞经典回顾再次发表，并配何平的评论文章《微弱的精神自救和抗辩——读谈歌〈天下荒年〉》。《天下荒年》是让谈歌收到读者来信最多的一部作品，也是受到争议最多的一部小说。实际上，这是最能体现谈歌个性的一部作品。

一、对特殊时期的独特把握

　　《天下荒年》的题材内容非常特殊，体现了作者对历史和现实的定位和思考。小说讲述的是中国历史上最后一次大饥荒，即 20 世纪 50 年代末 60 年代初的自然灾害时期。小说中的"我"，因为母亲被捕入狱、父亲为自证清白而死，只得被寄养在农村、父亲的原配妻子袁桂兰处。来到"燕家村"，饥荒以及"燕家村"人在饥荒中的表现，带给"我"震撼。"燕家村似乎是致敬古老的燕赵文化。"[1] 深受中国传统文化影响的燕家村人，古朴、重礼、尚义、重视尊严，面对大饥荒，他们并没有表现出过度的惶恐，没有人为了一己之私去抢、夺、偷公家的财产。因此，当不懂事的小孩子因忍

[1] 何平. 微弱的精神自救和抗辩：读谈歌《天下荒年》[J]. 北京文学，2020(8)：205.

受不了饥饿偷了一块公田里的红薯时，他被母亲杜大娘痛打致死。杜大娘感觉无脸见人，整日不出门，后也饥饿致死。这个情节大概是小说遭到质疑的一个原因，即违背人性和人道主义，不尊重个人生命。

　　谈歌从历史理性角度出发，毫不怀疑地认定那是一个悲剧的年代。但是，从道德精神角度看，他对那个年代人们所表现出的镇定自若怀有敬意，认为他们在"悲剧和错误的年代葆有神圣的原则和伟大的人格。一边是恐怖的荒年，一边是镇定自若的精神秩序；一边是物质危机，一边是人格灿烂"[1]。谈歌实际是针对当年某些社会现实有感而发的。谈歌善于观察，他通过观察周围生活、了解社会问题，发现当代人某种精神上的弱化和道德滑坡现象。他有鲜明的今昔对比的意识和现实针对性，"与其说谈歌在思考荒年往事，不如说是在批判现实"。为此，谈歌大声疾呼："忘记了那个年代，就等于背弃了一种人格，唯有这种人格，才能激扬起我们弱化了的世界，使我们像沙子一样涣散了的人群，重新聚集成水泥钢筋一样的人格建筑，在这一个风雨如磐的世界中，以求得精神坚强的再生。"他旗帜鲜明地将此意放在小说的题记中，并在小说结尾部分再次强调。"我"随着汽车的逐渐远离、回望"燕家村"，则直接表现了这种现实针对性。

二、对多重主题的思考

　　《天下荒年》并非要美化那个时代，而是警醒人们不要忘记历史，同时也要继承其中优秀的精神遗产。谈歌在小说中展现了一系列悲剧故事，也展现了多重主题。小说中讲到多个人物的悲剧。一

---

[1] 何平.微弱的精神自救和抗辩：读谈歌《天下荒年》[J].北京文学，2020(8):205.。

是父亲的悲剧，体现了单纯的文人与复杂社会的冲突。父亲是高干，但是他身上的政治成分很少。他是一个个性主义者，敢于追求自己的爱情，不顾现实的影响，更是一个单纯而幼稚的文人。因与母亲的男女作风问题，父亲被下放到食堂。在大饥荒时期，粮食比金子还贵。食堂丢了一代混合面，父亲被污偷粮，将被处罚，但他以死抗争，他要自证清白、维护个人尊严，但却没有想到此举可能会让人怀疑他是畏罪自杀。因此，父亲是个性主义与时代矛盾冲突的悲剧。

二是大伯的悲剧。作为基层干部、百姓的父母官，他尽职尽责、兢兢业业、勤劳朴实。大伯不让任何一个儿女离开农村，当人们花钱买商品粮户口盛行时，他仍然坚持扎根农村，没日没夜地上山指挥，伐木开山，大炼钢铁。但大饥荒时大伯所在的苍山县饿死的人数最多，这导致他最后抑郁而死。大伯的悲剧在于历史给他开了一个大大的玩笑。小说既显示了时代的荒谬，更写出了人生的苍凉。

因此，《天下荒年》这部小说不仅仅写了一段历史，写了物质与精神，更展现了人与历史、人性与时代、人的个性与命运等多重主题，表现了崇高的精神和优秀的文化内涵。

三、对叙述视角的特殊安排

从叙述视角来看，这是谈歌少有的以第一人称"我"的口吻进行叙述的小说。《天下荒年》第一人称的特殊性在于，叙述者"我"是女性。这个设计有几个方面的意图：其一，与小说中的部分内容有关。小说中写到"父母爱情"；写到对父亲的尊敬和惋惜；写到母亲害了父亲、也影响到他政治前途的不满；更写到对曾有敌特嫌疑的母亲的隔膜。这些感情都比较细腻，问题比较敏感，显然更适合以女性的视角来讲述。其二，最根本的原因。"我"对母亲如此复杂深厚的"恨意"，如何才能消解，唯有生命传递、血肉亲情这一条路可以化解。所以，当"我"在产房的手术台上面临痛苦、即将在"鬼门关"走一遭时，"我"对母亲带给"我"生命产生了感恩，这只有用女性的口吻才能容纳更多、更细腻的内容，也为下文"我"对养母袁娘的感恩做了铺垫。其三，"我"是一名女记者。这里谈歌暗中将男性的常见视角与女性视角巧妙融合。比如说，作为一名记者，"我"的见识深刻、看问题更犀利，同时，"我"亦能饮酒，颇具谈歌的某些影子。作为一名女性，"我"有对男性玩弄女性的不满，能够以审视的眼光看待并思考一些新现象新问题。小说中，曹双是有功之臣，当年因涉及男女问题被严判，其子为了表达对那个时代的不满，竟然当着"我"的面公然调戏、玩弄女性，并以此为傲。此行为显然也是对那个时代的一种挑衅。这些问题，以女性的视角来展开叙述，显然更具意味。其四，女性视角的选择，可以更好地抒情。为了抒发浓郁、深厚的感情，以女性视角展开，不会显得扭捏、虚伪和做作。其五，故意拉开叙述者与作者之间的距离，造成一种陌生化的效果。这种距离会产生间离的效应，容易激发读者的好奇心：作者谈歌是男性，为什么要采用女性叙述视角，这其中有哪些深意？

第四节 《都市豪门》解读

《都市豪门》延续了谈歌以往对现实的关注，只不过关注的焦点和视点发生了变化。小说重点关注的是都市上层社会的生活。作家以一贯的敏锐和洞察力，捕捉到了时代和生活发生的新变化，以及对人的精神的影响。

一、都市的风云人物

《都市豪门》成功塑造了一批富有魅力的人物形象。除了袁家梁，还有白云、薛剑诗、黄超、林瑞琪等，这些人物都有力地烘托了核心人物袁家梁。袁家梁年轻时就是一个有个性的人，他崇尚独立自主、自由无羁。部队转业后，他并没有按照作为市委副书记的大哥的安排去政府部门工作，而是选择了自己喜欢的职业，到啤酒厂开车当司机。他倒卖报废汽车从中捞好处，却被哥哥袁家栋的竞争对手当作把柄。哥哥被竞争对手整下台，因此中风，卧床八年后去世。袁家梁入狱七年。期间，长相漂亮的妻子无奈与他离婚，带儿子运生再嫁，境况不好，这是袁家梁永远的痛。袁家梁隐忍着对大哥、妻子、儿子等亲人的愧疚，也因此激发了内心的欲望，他要弥补大哥，要让大哥的儿子成为人上人，要扭转家族颓败的命运。于是"都市豪门"徐徐开启。

（一）核心人物袁家梁

袁家梁作为企业管理者，他比之前谈歌小说中的同行们更复杂、更深刻，也更充满矛盾。他亦正亦邪，是一个新时代的创业者、奋斗者、豪门缔造者、功成身退的识时务者。他身上也有不少负面的东西，如做事狠辣、精于算计、霸气嚣张，为了目的不择手段，善于搞公关交际。但小说更多地凸显了他的优秀素质，如有勇有谋、有气魄、有胸襟、能屈能伸、思维清楚、办事滴水不漏、重情重义等。他与谈歌之前小说中的吕建国等人不同。吕建国虽面临更多困难、更多无奈，但在困境中困兽犹斗，充满悲壮的意味。而袁家梁面对难题，有更多锐气和进取。面对企业发展中的困境，他有更多豪情，不回避问题，敢于迎难而上，千方百计解决问题，并在此过程中逐渐壮大自己，表现更多的是一种乐观和潇洒。在企业发展中，他的个人魄力和魅力发挥得淋漓尽致，他如鱼得水，有一种"胜似闲庭信步"的豁达和从容。他懂管理，关心员工生活，深谙员工心理。袁家梁作为一个商场中的成功人物，有他的成功之道，对当代创业者也有一定的启迪意义。

（二）司机兼保镖张猛

袁家梁从白手起家到崭露头角再到傲视全市的奋斗历程中，有三个得力助手。一个是司机兼保镖张猛。张猛因哥们义气为朋友仗义出头、误伤别人，赶上严打，锒铛入狱。在狱中，与袁家梁二人互相欣赏，结为莫逆。袁家梁出狱后，尽心照顾张猛的母亲，甚至为此卖血。作为孝子的张猛出狱后感恩戴德，因此陪袁家梁开始了打拼之路。袁家梁虽非传统意义上的好男人，但与张猛交往的过程中的确是善良的、诚信的。

（三）智囊薛剑诗

薛剑诗是一个诸葛亮式的智慧型人物，正如他名字所暗含的，仗剑天涯、诗意潇洒融于一身。他忠诚、低调、智慧、果敢。蓝天集团的每一步发展，都基于薛剑诗的成功规划，但他能自觉谨记不能"功高震主"。袁家梁对人才的渴求，在薛剑诗的身上体现得淋漓尽致，为此，不惜动用计谋、纡尊降贵，充分体现了袁家梁的聪明、果断、有气魄、有诚意。他目标明确，并为此百折不挠，终于赢得薛剑诗的回馈。薛剑诗这样几近完美的人物，堪称是袁家梁最有力的烘托和陪衬。良禽择木而栖、良将择主而侍，薛剑诗的传奇经历，也正与袁家梁这样的风云人物相应和，二者相辅相成、相得益彰。

（四）颜值与智商并存的白云

白云是年轻、漂亮、有魄力的优秀都市白领的代表，是典型的"白骨精"。关于白云这个形象，谈歌改变了以往小说少写女性、少写爱情和少有细腻纠结的情感表达的情况。相比于一般都市小说中年轻女性往往依靠美貌升职、往往作公司花瓶的惯常写法，白云更具智慧、更具能力，是颜值与智商并存的优秀女性。她果断，勇于接受挑战，而且有长远眼光和充分的自信。作为袁家梁的秘书，白云在工作上非常细心专业，有出色的公关能力。她有一个笔记本，内中专门记录了本市各个领域重要人物的兴趣爱好、重要节日，可谓是市里关系网的家庭生活档案，从中可以窥见各种隐性的关系网和无处不在的利用与被利用。白云敬重袁家梁，在工作中与他密切配合、全力以赴。白云有她的委屈、隐忍和等待，她是一个高傲有尊严的人，她的爱坚定、勇敢，但不卑微。白云对袁家梁的追求，更体现了袁家梁的男性魅力。袁家梁珍爱朋友亲人，他外表虽然放纵但骨子里其实很传统，依然保持着中国传统男人的本性，维系家族、尽职尽责、踏实上进、追求内心的安然和问心无愧。

二、对政界、商界与人性的全面展示

《都市豪门》是一个万花筒，展现了都市生活的千姿百态，既有上层社会的写实，又有一般群体生活的真实写照。为了多层面展示都市生活的复杂关系、多角度容纳都市社会的丰富性，小说布局安排比较讲究。作者安排了双线交织的结构，分别以袁一明和袁家梁为主线，重点讲述了袁家梁与员工、与商业竞争对手、与其他利益共同体的关系。这两条线索以袁一明为扭合点，所以小说以袁一明的视角和口吻来讲述。

袁一明这条线索链条比较简单，主要围绕袁一明的个人生活和工作展开。如个人生活方面，袁一明对叔叔袁家梁的爱恨交织、敬佩与疏离杂糅的复杂感情；对二婶命运的感慨和同情；对与二婶一起生活的二叔的儿子运牛的理解；对哥哥姐姐在家族企业中顺风顺水的不认同；对昔日恋人白云的爱情惆怅；对秋水餐厅服务员小菊的亲密和愧疚；对被同学马小莉欺骗的后知后觉。这条线索展现了都市生活中家庭亲情、友情和爱情的疏离、匮乏、无奈，也有斩不断的血脉和真情。如工作关系方面，揭示了报社的社会地位、报社内部关系、业务往返和内幕潜规则，以及其中错综复杂的人际关系网和无处不在的名与利的竞争。

另一条线索链条比较复杂，是以袁家梁为核心的蓝天集团。这一主要阵营与各方势力博弈，因此又分出许多"枝杈"。其中，蓝天集团的内部关系，集中展现了企业规划发展、员工的任用等。小说的重点事件是竞选副市长。市场经济的快速发展，促使企业热衷于更多物质利益的角逐，因而滋生出更多的膨胀的欲望，很多民营企业家如袁家梁已不满足于单纯的商业活动，而是将视野转向政治。由此，小说揭示和凸显了各种矛盾，也提出了私营企业家要求参政这一值得深思的社会问题。小说中，袁家梁与竞争对手、合作伙伴、各级政府官员及其他利益共同体的关系，全方位地呈现了社会转型发展过程中的商界搏杀、宦海沉浮、情感欲望和家庭伦理。与现代文学中描绘都市多以经济角度为主或者展现大都市的光怪陆离的感官印象不同，《都市豪门》呈现了不一样的都市生活。

小说分别呈现了袁家梁与李英杰、林瑞琪等的竞争关系，与工商局局长刘一舟的铁哥们关系，与许行的拉拢、敌对关系，这其中的负面性潜滋暗长。而袁家梁能建立绝对的权威地位，则突出了其拼搏、挣扎、智慧、狠辣、虚荣、霸道等多方面性格，即一个亦正亦邪的商界大佬形象。

在处理与林瑞琪的关系时，袁家梁能屈能伸。面对林瑞琪的百般刁难，袁家梁为了达到目的，隐忍、委曲求全，不惜动用大价钱、卑微讨好林瑞琪。收购七星啤酒厂这一件事，更显示出了袁家梁的实力，他不动声色地凭借自己的威望和诚信，让林瑞琪处于尴尬和破产的境地。而在与李英杰共同争夺服装市场时，袁家梁更是处乱不惊，他镇定自若地暗中指使和操作，使一向耀武扬威、自视甚高的李英杰在无论拿多少钱都不能解决问题的情况下产生恐慌，而不得不向袁家梁低头。袁家梁适时地以巧破千斤，让李英杰彻底折服，并为己所用。

袁家梁实力强、出手大方，因此往往能呼风唤雨，也能更好地周旋于政府高层之间。而且，袁家梁的个人性格和魅力也深得别人佩服，这使得他的事业顺风顺水。即使一些非常讲原则的人，在不违背原则和底线的情况下，也为袁家梁开绿灯。小说真实、客观地展现了都市中的钱权交易、欲望纠缠和彼此错综复杂的关系网。

袁家梁的确有大将风度。在多次面临危险时，他能沉着应对，不自乱阵脚，这可以从他的生活细节入手。他有"不慌不忙、细细吃着极简的一碗粥、一碟咸菜"的从容，又有"一掷千金的豪气和周密部署"的干练。他懂得未雨绸缪。袁家梁深深懂得雪中送炭往往比锦上添花更容易让人感动，以及事前种树、适时收果的道理。与商业局局长许行的关系，就是这种理论的实践。在许行政治生涯关键时期，袁家梁救他于"水火"中。许行就是袁家梁事前种下的一棵施过肥的树。由此，袁家梁的情商和远见可见一斑。

小说以袁一明的视角叙述了二叔袁家梁与其他女性的关系，充分体现了袁家梁的感性与理性的统一，有底线、原则，也是对传统文化的坚守。同时，小说借助这些线索，展示了当代都市中亲情、友情、爱情、家庭伦理等的现状。

袁家梁与前妻的关系，是注重亲情血缘的家庭伦理观的体现；与秘书白云是理性的控制和尊重；与歌星凌雪是享乐与原则的平衡。小说用这些着墨不多的情节，写出了都市中的欲望迷失、钱色交易，又写出了薄凉背后的真情，侧面渲染了袁家梁的男性魅力；也借助袁一明的视角突出了知识分子对都市欲望的感慨，是充分人性化的表达。对张猛的母亲，他是说话算数的原则的坚守，更是人性善良使然。与秀芬的关系比较有传奇性。一个被二叔捡回来的孤苦无依的普通农家妇女，成了袁家梁的保姆。她处事不惊、淡定从容，最终袁家梁与之结婚，搬到乡下普通的农家院。他们二人之间与其说有爱情，不如说是亲情陪伴，是保持自己内心的淡然和波澜不惊。在外面跋扈驰骋的袁家梁，需要一个安静的港湾，而秀芬的从容不迫、稳重贴心，无疑就是他熨帖灵魂、休憩精神的港湾。他们归隐田园，是都市的欲望和人性的扭曲在喧嚣后归于平淡，也是作者指出的欲望迷失、名利沉浮后的救赎之路。秀芬这个人物增加了小说的传奇色彩，同时也带有文化意味。

三、在都市喧嚣中寄寓深邃的思考

小说展示了袁家梁与薛剑诗的理想型的企业领导与下属之间的关系，也体现了作者对中国人文化心理的思考。这是《都市豪门》比一般都市文学深邃的地方。

（一）对文化心理的不同看法

作者对薛剑诗的才学和能力的描写带有些夸张的色彩，将人物描绘得传奇而神秘。薛剑诗有浓郁的传统"士"和文人的情结、忠仆不事二主的气节、滴水之恩涌泉相报的心理。

薛剑诗相当于古代的策士，或者说是政客。正是有了他的鼎力相助，袁家梁才生出了许多无端的欲望。薛剑诗显然离不开袁家梁，也离不开蓝天集团这块平台，这就注定了企业发展壮大过程中会埋伏着危机。薛剑诗也是清醒和忧郁的，他为袁家梁在竞选副市长的关键时刻停止攻势感到惋惜，认为袁家梁是当断不断、错失良机、妇人之仁。薛剑诗认为这是文化差异的问题，中国文化相对于西方文化来说，少征服性、占有性和进攻性。中国文化的传统一向注重天人合一，对普通人来说就是关注生活、过好日子，对财富的追求是有限的，到一定程度就歇手不干、急流勇退，更追求知足者常乐。在薛剑诗看来，这是地主的行为方式。袁家梁作为中国文化中的新派人物，具有一定的所谓进攻性，但也只是带有西方味道的模仿，一遇风浪就会消退。薛剑诗的声音充满苦涩，体现了他对袁家梁的忧虑意识。但薛剑诗的看法究竟对不对？小说中还有袁家梁的自我解剖，他认为自己是狼性不足。关于放弃进攻这件事，袁家梁曾剖析过自己："你二叔能成点儿事，是因为我有狼性。你二叔不能成更大的事，是因为我狼性不足。在这个社会上，狼比兔子要好生存得多，但是我的悲剧在于，当我看到一些类似于牛的动物，只勤劳耕作而不求回报，我就往往下不了口去咬他们，有些机会就这么失去了"。作者提出了一个问题，又给出了不同的意见和看法，供读者质疑、思考。因此，《都市豪门》并不是一般肤浅的都市类小说，而是带有一定的启发性，设置了一些争议，由不同声音和观点形成一个"复调"，引人深思，意味深远。

（二）精警的议论表现深刻的见解

不仅如此，小说中还有作者许多直接的议论性的语言，这也是在与读者分享一些人生见解。如对薛剑诗的评价：薛剑诗是忧郁的，大概所有聪明的人都是忧郁的，因为他们把问题看得太透彻，就少了许多糊里糊涂的快乐。平凡的人容易快乐，因为他们的目标很实际，就在眼前，容易实现。而"薛剑诗们"则不然，他们的目标宏大、遥远而缥缈，要想达成，期间要经历无数曲折，即使达到了，算算付出的，往往还是没有理由快乐。另外，当袁家梁被黄超精神感召震撼后，道德和人格取代利益和目标，袁家梁决定放弃计划。突然从巨大的压力中脱身的袁一明心里的石头终于落地，但随后却感到无所适从的茫然。"大约人的生命中经常有这样的时刻，这种没有了事情压着却突然觉得无所适从的时刻，大约就是生命中不能承受之轻吧。"这些精警的深刻的议论性语言增加了小说的深度，不仅是对小说中人物的评价，还是对人生经历的感触，是对普遍共性问题的思考。

　　小说结尾，袁家梁取消竞选副市长的计划，将蓝天集团全权交给袁明达、袁一明和运生三兄弟经管，自己则带着秀芬离开本市到乡下去生活。至此，袁家梁的身影在春江市消失，这个都市里只留下了他的传说。这一切将会如何发展呢？小说最后一句话用象征的笔法，为故事做了一个开放式的结局："电视刚播完了新闻联播，正在播天气预报。预报说，明天有大暴雨。"无论对蓝天集团这个民营企业还是对社会而言，都象征着一个新的波涛汹涌的大时代的来临，给人余味无穷之感。

第六章

笔记小说

第一节　笔记小说概述

谈歌于 20 世纪 80 年代开始写笔记小说，由于他持续不断地创作，使得笔记小说成为一种特色鲜明的小说类型。

一、对笔记小说的探索

（一）笔记小说产生的背景

谈歌能写笔记小说，一方面源于自己的阅读喜好和修养。他喜欢明清小品，也广泛阅读唐宋散文，加上鲁迅的小说和散文，这些都对谈歌探索笔记小说产生了影响：小说要写短些、精炼些、有韵味些。另一方面也与谈歌工作和生活的城市——保定有直接的关系。保定是历史文化名城，在近代历史中，它的地位显赫。尤其是直隶总督署设在保定，使这里成为政治中心，进而成为经济重镇和交通要道，不仅聚集了达官显贵、社会名流、士人学者，还吸引了各类商贾、艺人和江湖上的三教九流来此定居。保定奇人轶事多、掌故传说多、文化名胜多，这些都深深吸引着谈歌。谈歌从小爱看故事，在讲故事方面他下了一番功夫，尤其是在如何讲好老保定故事方面，他更有自己的追求，有了想把这些写出来的冲动。再者，20 世纪 80 年代末，谈歌在冶金行业报当记者期间，因工作关系较少写小说，反而能沉下心来思考小说到底该怎么写。

二、笔记小说的特点

谈歌是一个有着鲜明文体意识的作家，他对笔记小说有深入的思考，并形成了自己的创作理念。笔记小说已经成为谈歌的标志性文体。笔记小说在篇幅长短、字数控制、人物形象设置、语言的调子等方面，与一般短篇小说有何区别。这些谈歌都有理性和深入的思考。谈歌离开报社回到原单位，工作相对轻松，有相对充裕的时间写作。经过有意识地训练和不断地实践、规范，谈歌对笔记小说的认识更深刻，并形成了一定的理性规范，即更强调笔记感，强调文本的纪实感和历史感。笔记小说的语言风格应该是中国味道的，内容应该是中国读者喜欢的那种大开大合的，写法应该是侧重中国传统文学的白描式，总而言之，应该是中国气派的。

由此可知，笔记小说追求灵活、自由、随意和自然的感觉，但要在较短的篇幅融入历史、纪实、文化传统，那就必然要求遵守"节制"的原则，行文要克制、节奏要疾徐有法、情节要紧凑，不能游离和信马由缰，要追求可读性、好读性。谈歌的笔记小说成就非常高，有"文化小说"之称。

三、笔记小说的叙述策略

谈歌写笔记小说非常注重文本的叙述策略，在叙述者的安排、叙述视角的选择方面都很讲究。谈歌擅长以第三人称视角叙述，叙述者多是"谈歌"，但"谈歌"基本不参与故事，属于故事外的叙述者，这样相对全知的叙述视角有利于叙述者清清楚楚地把曲折生动的故事讲完整。有时，叙述者谈歌还见缝插针，将自己的主观感情或者评论判断插入情节的叙述过程，使情节短暂中断，目的是引发读者思考。这时，"谈歌"这两个字的妙处就体现出来了，即作者有意让读者把叙述者"谈歌"和作者"谈歌"混淆，这样更具真实性，更显真诚，更能体现作者的鲜明情感和态度，表达作者按捺不住地想和读者进行沟通的冲动。谈歌在营造讲故事的氛围和还原历史感方面也非常用心，在小说开篇部分迅速切入故事，有效地营造一种历史氛围。这一方面，评论者早有专门的论述，比如聂俊发表于 2008 年第 10 期《文学教育》中的《谈歌历史笔记小说的开篇叙事模式》，就对谈歌笔记小说开篇的几种形式进行了专门研究。这里不再赘述。

谈歌写了大量的笔记小说，在内容选择上当然有特别的倾向。而在如何安排和如何结构小说方面，谈歌通过不断地尝试和实践找到了最适合的情节结构方式，即在短小篇幅中辗转腾挪，有效地综合历史、传奇、人性、文化等多方面的精神内蕴，形成几种典型的、谈歌常用的情节结构方式，这体现了他的创作宗旨。或者说，谈歌在这些情节结构中寄寓了鲜明的精神内蕴和人文精神。

（一）"人外有人、天外有天"的情节

"人外有人、天外有天"这句话的意思不难懂，就是自己的才华、能力再高，也有一个人比自己的才华、能力更高，能人中更有能人，技艺亦是无穷。这句话告诫世人，强中更有强中手，一山还比一山高，不能骄傲，不要自满。谈歌的笔记小说就借用了"人外有人、天外有天"的内蕴，创造了独特的情节结构。

在这种情节建构中，谈歌善于用对比烘托的手法塑造人物形象，先描写的人物或者先出场的人物非同寻常。他们不仅具有独立的价值，而且能起衬托作用。《绝怪》《棋局》《画匠》《绝墨》等小说就充分运用了这种手法来塑造人物形象。

《绝怪》中，塑造了一个其貌不扬、但棋艺达到至高境界的"大头"的形象。小说开篇先是轻描淡写地提到摆茶摊的"大头"，他为做生意，以棋艺吸引客人。他的棋又脏又旧，黑乎乎、油腻腻地堆在地上。"大头"的茶摊生意兴旺的原因是，他经常被客人拉着下棋，但总是平局，这说明性格憨憨、其貌不扬的"大头"可能有点不凡之处，这是在叙事上埋下伏笔。接着，浓墨重彩地渲染保定棋界领袖陶然的棋艺和威望，写陶然如何战胜"大头"。笔锋一转，写陶然居然败给一个叫高世方的年轻人。高世方年轻气盛、轻狂高傲，但见到"大头"带来的棋，居然立刻倒身下拜。小说结尾，"大头"把棋留给高世方，之后飘然而逝，很有一种道骨仙风之感。

《绝局》中，先写许天成天资聪颖、酷爱下棋，以擂台形式逼高人现身，却败在一个叫林子强的少年手里。林子强不听许夫人的劝告，对许天成恶语相向，结果许夫人——一个相貌平平、不多言语的女人——不费吹灰之力就战胜了林子强，并说出棋艺高超的原因无他，只是"凡人间之事，熟便生巧"，很体现了一种洒脱的境界。此外，《画匠》中的袁鹤立、《绝墨》中的黄脸汉子形象的塑造都采用了这一情节模式。这类小说一方面展现了文化（如象棋、绘画、书法、瓷器、制砚、制墨、制药等）本身的独特魅力，另一方面更体现了保定的人杰地灵、人才辈出，展现了卧虎藏龙、深藏不露、内敛含蓄的文化特征。

（二）"仁义为本、诚信至上"的情节

"仁义为本、诚信至上"，是谈歌讲生意场中的故事时常用的情节结构，体现了为商之道。《绝地》《绝店》《布店》《绝品》等小说均体现了这种思想。《绝地》中，保定盛和店老板王冲买卖公道，为人仗义，在与太原商人袁子良、秦红玉夫妇的一次生意中，他充分显示了仁义诚信的品格。王冲先是救了盘缠用尽、病倒客栈、不得已去市上卖身的秦红玉，接着按原价收购了袁子良晚到一个多月、此时已经降价的牲畜，临死前，又嘱托儿子按原价（高价）收购袁子良的粮食。袁子良感叹："果然是燕赵之风。生意做到这步，实为商道中极品了。"袁子良的声音代表了作者的观点。

《绝店》中的马明不计前嫌，在战乱中帮助曾经暗害过自己的商业竞争对手李强，他不贪图一丝一毫的钱财，为了"义"不吝钱财，甚至不惜失去爱情。《绝品》中的许三爷临终前将自己用毕生心血精制而成的宝墨托付于他最信任的盛志明。盛志明恪守信义，不惜与墨同归于尽。这类故事集中体现了对重义轻利、知恩图报、诚信为本等传统美德的挖掘。谈歌试图借小说呼唤一种道义与原则的回归，这也是谈歌小说的一种终极价值的体现。

（三）"以死明志、慷慨赴死"的情节

《绝剑》《绝士》等小说中都有主人公"以死明志、慷慨赴死"的情节。《绝剑》中，在与"作孽一方"的总督崔方久的抗争过程中，先是保定画院的几十人全体进京告状，告状不成反被打入死牢、全体赴死；接着是紫衣道人以死邀请大侠燕伯出山，但燕伯要赡养老母。燕伯的母亲知道内情后，为解燕伯的后顾之忧，也慷慨赴死。燕伯在杀了崔方久后身陷重围，横剑自刎。这些人物之所以不惜殒命，是因为在他们看来，"义"比命重，尤其涉及大义、正义之事，更可以舍生取义。

《绝士》中，为了完成"刺秦"大计，荆轲去刺杀秦王需要一个接近秦王的理由。这时，与秦王有仇的樊於期将为家族复仇的行动与为天下铲除强秦的大义相对比，他果断做出决定，主动献上自己的头颅。燕国谋士田光设计好了一切刺秦计划后，深知此项计划是最高机密，而"三人者不能守秘"，为了不被怀疑、维护自己的尊严，也主动献出生命。这些人物，都是为了最高目标不惜殉命的死士。因此，"绝士"不仅指荆轲的慷慨悲歌、一去不复还，也指樊於期、田光等的慷慨赴死，他们都是精神达到至高境界的"绝士"。

（四）鸠占鹊巢的"逼走"情节

谈歌小说中也有鸠占鹊巢的"逼走"情节。《绝唱》中，小城最红的梆子艺人宝立，接纳了前来本地唱戏并拜码头的李小童。之后备受欢迎的李小童成为宝立的竞争对头。宝立对李小童下逐客令，李小童为了戏班的声誉，坚持全力以赴，最终吐血舞台，虽唱砸但挽回了尊严。受到震撼的宝立，为成全李小童戏班，主动离开。后来宝立回到小城，李小童已无往日谦卑，她包下了所有戏园，不许别的艺人唱戏，甚至侮辱、排挤宝立，使他无立足之地。同样对李小童不满的张和引荐宝立到京城唱戏，宝立被逼与张和出走北平。在京城唱红的宝立感谢张和，而张和这时说出实情："你要谢李老板才对。"因为当年李小童看宝立功底好，不想让他在小城荒废，于是才使用激将法逼他到大城市历练，而且在北平的一切花销和关系都是李小童为之打点，张和也是李小童派来帮助宝立的亲信。到小说结尾，读者才恍然大悟，原来张和是一片赤诚，用心良苦，李小童的以德报怨、赤诚仁义直抵读者心灵。

《药店》中，老字号药王堂的老板佟志川事业有成，但无后，只好过继了姐姐的孩子，取名佟小川。但小川吃喝嫖赌、不务正业。杨怀义在深冬的大雪天冻僵，幸得佟志川相救，在药王堂当了伙计。杨怀义祖上四代行医、身怀绝技，但他深藏不露，因不忘佟老板的救命之恩，更不能另立门户，抢佟老板的买卖。佟志川遗嘱，他死后药王堂交杨怀义掌管。杨怀义对只知要钱的佟小川下了命令，请他走路，不许他再来。赌着一口恶气的佟小川远走他乡，到天津做生意。因不满杨怀义也被"赶出来"的刘三偷偷带来了佟老板留下的医书，大力支持佟小川。佟小川原本就聪明，加上有一点底子，刻苦攻读医书，进步非常大，在天津经营的药店也风生水起。及至他回来找杨怀义较量时，杨怀义早留下所有账目资财，飘然远去了。作者借刘三之口说明其中缘由，原来杨怀义看到佟小川放浪形骸、不务正业，怕他毁掉药王堂，才同意接受药王堂，之后设法逼走他，又派刘三暗中帮助，用激将法逼他成才。

（五）"蝮蛇在手，壮士断腕"的情节

"蝮蛇在手，壮士断腕"的情节，常见于谈歌历史、战争题材的小说中。唐代窦臯的《述书赋下》讲了"君子弃瑕以拔才，壮士断腕以全质"。蝮蛇在手，即勇士手腕被蝮蛇咬伤，必须立即截断，以免毒性扩散，比喻做事要当机立断，不可迟疑、姑息，否则会造成不堪设想的后果。这种情节的设置考虑了当时的客观实际。

《家园笔记》中，"我"的爷爷、抗日的土匪首领李啸天被日军坂田部队包围在断角岭。他在藏经洞里跟各路土匪头目商议对策："坂田大兵压境，我等死守，必败无疑，请各位商议一个万全之策，是战是降？"却把提出"识时务者为俊杰""不要以卵击石"等言论的部下全部枪决，其中包括他自己的儿子、"我"的四伯，意在警告大家，谁要生二心这就是样子。在关键时刻，这是治军有方、统一军心的极端手段，同时也是野民岭人的血性、志气、野性的体现："是野民岭的种，就别软了膝盖。咱们死了，也不能给后辈留下当汉奸的骂名。"这种情节的运用也有效地塑造了硬汉式的、充满血性和冷酷色彩的人物形象。

（六）"三人者不可守秘"的情节

这一情节讲涉及绝对机密时，只能天知地知你知我知，不能让第三个人知晓，既是防范泄密，更是不能被质疑或怀疑。中国文化中有很多讲究与避嫌有关。比如，"一人不进庙，二人不看井，三人不抱树，独坐莫凭栏"。因为，庙里都有一些贵重的器皿，一个人进去有偷东西的嫌疑；两个人一起看井，如果一个人不小心失足跌入井中，会被误解为是另一个人推下去的；三个人一起抬树，有一人会有偷懒的嫌疑，于是有了"三人不抱树"之说；"独坐莫凭栏"，是因为一个人独坐的时候，容易想到一些悲伤的事情，坐在高处，也容易想不开。这些俗语，均是为了避免被怀疑、误会，也是对自身形象和尊严的维护。《绝士》中，田光因为太子丹的一句叮嘱而自杀。"忠厚之士行事，是不可引起人怀疑的。"太子丹特意嘱咐田光不可泄密。在田光看来这是太子丹信不过他，他自己不能装糊涂，故而以死证明和确保不会泄密。田光的死，决绝而悲壮，视尊严高于生命。

以上多种情节，说明谈歌从心底特别钟爱这些故事，写作时会不由自主地把它们表现出来。而且，这些故事情节中亦包含了谈歌的理想和期待，那就是塑造崇高的精神丰碑、呼唤道德理想。

第二节　《绝士》解读

　　《绝士》于 2016 年在文化发展出版社出版，是谈歌最具影响力的中篇历史小说，也是笔记小说的经典代表。小说运用纯熟的叙事技巧创新演绎了中国流传千古、妇孺皆知的"荆轲刺秦"的故事，并被赋予了新的思考，如关于人性、理性与感性、人与时间等命题，跨越了历史和国家的界限。新颖独到的构思、深刻的思考和文化底蕴，使这部小说真正成为"无疆的文学、世界的音符"。

一、叙述框架的巧妙安排

　　《绝士》故事的核心和母本是中国流传久远的荆轲刺秦。故事的第一主人公是荆轲。但在小说中，不仅有"绝士"荆轲，而且有被历史遗忘的其他人，如张久、师诠、樊於期、田光等，还有更重要的高渐离，他们都是精神达到人生至境的"绝士"。在得知荆轲承诺为燕国太子丹刺秦时，高渐离对荆轲进行劝阻、在感情与使命之间挣扎、在荆轲大义赴死以后誓为荆轲完成遗愿和复仇，最后慷慨赴死。小说中的高渐离与荆轲是平等的、并驾齐驱的。作者以两个主人公为线索，分头展现和串联起两个阵营中的人物，一方是师诠、高渐离、张九、秦王，一方是荆轲、太子丹、田光、樊於期等。而小说中贯穿故事首尾，并且与双方都有联系的是高渐离，她就好比一条项链中最耀眼的项坠。这在叙述上打破了原有的框架，使故事更曲折、新颖。

二、叙述节奏的把控

谈歌在叙述节奏的把控上也比较讲究。小说开篇是一支民歌："有一个久远的传说，古老的石头会唱歌。"叙述者的口吻平和、舒缓，有很强的故事带入感。我们无一例外会感觉到，下面作者娓娓道来的故事是一个古老的传说。然而，接下来的叙述可谓出其不意，单刀直入："院内摆着七口黑色的棺材。"画面感极强，有强烈的恐怖、神秘和血腥的冲击力，直击人的视觉和心灵，与上文舒缓、从容的节奏形成巨大反差。显然，这个场景叙事不铺垫、不造势，能串联事件的前后因果，重点突出而又简洁利索，毫无拖沓之感。

为了把故事讲清楚、明白，谈歌在故事的最复杂、紧要处插入小括号，将设计安排、叙述要点等直接告诉读者。这种叙述方式可以适当减缓叙事节奏，容读者稍做喘息，进而可以更好地思考；同时提示剧情，适度剧透，让读者对复杂的故事有一个清晰而全面的了解。比如，当"高渐离将七具尸体入殓的时候，谈歌要写的第一主人公荆轲已经急匆匆地从南边赶来，刚刚要渡过黄河。这两个人物曾在一年前萍水相逢，结为知己。三天后，他们两个要相逢在去燕下都的官道上。而这一次会面竟是注定他们命运的一次会面"。叙述者谈歌的名字直接出现，提示下面的情节，这也是"花分两朵"的叙述方式，将高渐离有效地转移和过渡到另一个主人公荆轲身上。

三、叙述视角与人物视角的混淆

许子东在论述张爱玲小说叙事时,曾说:"在张爱玲早期小说里,章回说书包装和全知叙事议论都是偶然使用,最基本的叙事方式是从主人公视角感官角度写自己写其他人物写各种风景。但是在小说情节的关键时刻,常常会出现一片风景一段描述一个议论,既像是主人公的视角,又可以是小说叙事人的声音。读者阅读时并不十分清楚,此事此情此景究竟是主人公所见所感,还是叙事人所议所思。这种叙事角度的有意混淆,目的是描写主人公看到但不理解的风景,描写主人公感觉但不明白的心理,描写主人公自己当时没能意识到的情感或潜意识。"[1]

谈歌小说中也有许多典型的叙述视角和人物视角的混同。目的不同,谈歌在于重新演绎故事、重塑人物形象。谈歌有思想、有深度,好发议论,他有意将叙述者的客观视角与人物视角混淆。借此技巧,作者既能讲一个精彩的故事,又能充分表达自己的思想观点,以便启悟心灵、丰富精神。因此,小说中传达的对社会、历史、人生等诸多问题的看法,既可以看成是人物的,也可以认为是作者的;既很好地塑造了人物,凸显了人物深邃、细腻而隐秘的内心活动,又自然地表达了作者的观点,不说教、不古板。

《绝士》中,叙述者分别与太子丹、高渐离、荆轲等人物视角融为一体。在叙述太子丹对田光担忧这一情节时,谈歌将人物(太子丹)的视角与叙述者的视角有意混同:"他脸上划过一瞥忧伤。太子丹心中感慨,英雄末路,美人迟暮。田光当年是何等英雄!时光荏苒,可以磨洗一切啊!"这里作者借太子丹的眼光来表达对田

---

[1] 许子东.张爱玲小说中的叙述角度混淆 [J]. 文艺理论研究,2018(05):83.

光的青春不再、疾病衰老的感慨和忧伤，同时也是叙述者（隐含作者）对英雄不再有用武之地的悲凉、对自然生命的认识、对生命无常的感慨、对时间沧桑的无奈，并由此引发了个人即是沧海一粟的卑微和渺小之感。这实际是关于宇宙人生的恒久而深邃的命题，具有跨越时空的意义。

当高渐离因愤怒而要杀师诠时，"她忽然感觉自己身体里凝聚起的山洪一般的仇恨，又像山洪一样泄去了……师诠心中苦苦地一叹，泪就落下来。他知道自己跟高渐离之间有些事情是真的不可能了。"这一段叙述中，作者的视角先与高渐离的视角混同，既可以看作高渐离自己的心理感觉，也可以看成是作者的判断，表达了高渐离又爱又恨的无奈。接着，与师诠的视角相混同，表达了他爱之不能、永失我爱的无奈与痛苦。作者用全知全能的视角深入到两个人物的内心深处来形象地展示两个人的灵魂。

"一道道闪电撕裂了黑黑的苍穹，雨势鞭子一样甩下来……黑暗，是黎明前的黑暗？还是黄昏后的黑暗？荆轲不知道自己这一步跨出去是破碎的黎明，还是更浓密的黑夜。"这段文字将荆轲的内在叙事视点和作者的第三人称叙述视点相融合。面对太子丹的心灰意冷，作者同时表现出荆轲的不满和愤怒心情，那种箭在弦上，不得不发的无奈，以及面对压力和前途未卜，不得不孤注一掷的焦灼和迷茫。当太子丹率众人为荆轲送行时，叙述者以全知视角这样描述荆轲的心理："荆轲一怔，他不想大家送他上路，他也更不想太子丹来送他。昨天与太子丹的一番对话，他心已经麻木。他现在感觉自己不是为了太子丹去刺秦。而是为了自己。这实在已经是一件与别人无关的事情。"这是荆轲的自我独白，表达了他对太子丹的不满，而刺秦更多的是为自己，为自己的尊严和名誉。这样更好地展现了荆轲刺秦故事的丰富性和复杂性。

第三节 《城市票友》解读

《城市票友》作为《人间笔记》的第一篇，在小说集中的地位不同寻常，而且即使放在谈歌整个小说创作的路子上来看，也是很独特的。

一、《城市票友》的特殊性

（一）时代背景与人物身份不同

《城市票友》展现的时代背景与集子中的其他小说不同。《人间笔记》展现了人物的传奇性经历和一生坎坷，故事背景涉及抗日战争、解放战争、新中国成立、改革开放和向社会主义市场经济转型阶段等，但主体背景大都在民国时期。似《城市票友》这样纯粹写当代生活，以当代都市生活为背景的作品极少。

《人间笔记》和《人间笔记2》中的主要人物都来自民国年间老保定的各个行当，如画匠、琴师、茶老板、药店掌柜、制瓷大师、书画名家、武林高手、酒仙屠夫、绝厨神偷等，这些人物的身份和地位并不高，多是普通人物、市井小民，代表着"民间"。小说着重写与他们有关的逸闻趣事、掌故传说，极具传奇色彩，他们也因为体现了深厚的文化底蕴和崇高的道德情操、气节风骨而备受尊敬。而《城市票友》的主人公是市委常委和副书记，身份尊贵、政治地位比较高。

（二）内容偏重和写法不同

《人间笔记》中除了《城市票友》，另有两篇小说涉及当代生活。一篇是《绝情》，故事的主要意义不在于突出当代生活，而是突出主人公杨志生非同寻常的"情"，突显其传奇色彩和人性。小说结局含蓄，甚至有一些晦涩难懂，和《还童药店》的风格非常相似。另一篇《绝章》也涉及当代生活，故事主要的情节是演艺界的生活和情感纠葛，仍然突出"情"。而《城市票友》在这些题材之外开拓了新领域，对当代人及其精神状况和生存状态进行了挖掘和展示。之后的《城市传说》和据此改写的长篇小说《都市豪门》等都是在此基础上，对当代都市生活的更深层次的探讨。从这个意义上说，《城市票友》是题材上的新突破，标志着谈歌在创作题材和思想主旨方面的深入和拓展。

在写法上，这篇小说的叙事姿态与其他小说也有明显的不同。《城市票友》中，作者没有刻意用预叙、倒叙、插叙等叙事策略，而采用平实、质朴，没有花样、不虚张声势、几乎是"流水账"似的顺叙，完全按时间正常发展顺序如实展现主人公日常的工作和生活。相应的，语言也自然质朴、简洁流畅，很好地展现了主人公的生存环境和精神状况。

二、《城市票友》的象征意蕴

（一）滨河公园

小说主人公林荣明，其身份是市委常委和副书记，是当代都市上层社会的典型代表。但地位、权势、金钱、名誉等对他而言，都是外在的，甚至是虚幻的。小说没有过多表现这些表面上的"得"，而是重点展示了他的"失"。开篇即写到"快到七点的时候，市委常委才散会"。他的"昏头涨脑""脑仁一蹦一蹦的疼""神经衰弱得厉害""离开安眠药睡不着"等一系列状态，集中展现了忙乱、繁杂、无聊的工作带给他精神上的沉重压力。一次偶然的机缘，他发现了另一个天地——滨河公园，结识了一群票友。他凭着对戏曲的熟悉、热爱和唱功，很快成为其中最有实力、备受尊敬的一员。这里没有地位的尊卑、身份的贵贱、金钱的多寡、背景的强弱、名誉的得失、脸色的阴晴，没有颐指气使、卑躬屈膝，没有钩心斗角、尔虞我诈，有的只是戏文，是陶醉，是自由，是压力的释放、灵魂的熨帖、精神主体的回归。滨河公园是喧嚣浮华的城市中的一片净土，俨然世外桃源，身处其中的城市票友几乎是城市生活中的隐士。

（二）都市生活无形的枷锁

都市生活已经给林荣明套上了一个一个有形的、无形的枷锁，他欲"隐"而不能。当"票友"因回来晚，被妻子猜疑为与旧情人约会时，本该是充满爱、理解、放松休闲的避风港的家，便充斥着猜忌、隔阂、束缚、怨恨。家庭之外的无形束缚更是严峻。"你怎么不注重影响，那地方是你去的吗？"面对妻子的责问，林荣明虽然有口头的反对，但他改变不了实际的压力。那就是说，一个堂堂市委书记怎么能去那种有失身份的地方、做那些不务正业的事呢？是啊，领导就要有领导的派头和样子！他能改变芸芸众生的七嘴八舌吗？当然，最致命的还在于他自身对这些身外之物的不能释怀，身份、地位几乎成了无形的枷锁，束缚了自然天性。为此，他已经丢掉了所有的兴趣爱好，成为一个为工作、地位、荣誉而奔忙的机器，只剩下一具生命的空壳。

司机小黄，代表了另外一种无形的束缚。林荣明为放松自己而去滨河公园当票友，所以他特地自己骑车上班。司机小黄却因此恐慌，觉得是自己哪里做得不对惹领导生气了，所以"两口子一块儿过来，并做了检讨，看样子包袱挺重"。这种原本简单的事情因身份地位悬殊而变得复杂起来，层层的关系纠结在一起，形成了错综复杂的关系网。

三、《城市票友》的多重主题

（一）主体的精神迷失

林荣明的妻子为了安慰林荣明，满足他当票友的瘾头，专门请来著名琴师到家里给他伴奏，自己和小黄夫妇则当热心观众，不时鼓掌叫好。但林荣明突然觉得"特别没劲"，再也唱不出滨河公园里的那种感觉。这个场景很经典，颇有点鲁迅在《社戏》中说的"实在再没有吃到那夜似的好豆，——也不再看到那夜似的好戏了"。那夜的好豆与好戏"已经成为某种生命形态、境界的象征：轻松而舒展，沉静而柔和，和谐而充满情趣"[1]。

叙述者（此处带有极多的鲁迅的个性气质）记忆中的"社戏"，美在景物的清新朦胧，美在自由自在、无拘无束，美在小伙伴们为了共同的目标而团结努力、没有纷争没有功利，更美在与空旷舒展的大自然融为一体、达到的心灵陶醉和悠然的惬意。所以，《社戏》"与其说是写实，不如说是写意，至少是写实与写意的结合"[2]，难以忘怀的不是戏本身，而是留恋那种"乡野之气"。但成年之后，到剧场里正经八百地看戏时，则完全是

[1] 钱理群，孙绍振，王富仁. 解读语文 [M]. 福州：福建人民出版社，2010:72.
[2] 钱理群，孙绍振，王富仁. 解读语文 [M]. 福州：福建人民出版社，2010:70.

另一番场景：聒噪、压抑，甚至使人恐惧。其实《城市票友》中的"滨河公园"和"票友"与"社戏"和"儿时的伙伴"异曲同工，而也正是这些吸引着林荣明，使他感到清气上升、浊气下沉。林荣明像个孩子似的被哄着，在家唱戏则是"剧场观戏"的感觉。妻子貌似关心他，实际上并不理解他，而是充满掌控的欲望。公园里当票友唱戏和家里刻意捧场唱戏完全是两个世界，象征着向往与逃遁。主人公的悲剧是理想求而不得的悲剧。结尾处，街上人海茫茫象征了主体精神的迷失。

（二）都市文明病态对人性的压抑

小说通过描写林荣明与汪玉芳的关系展现了都市上层社会人性的压抑。这对昔日情人即使有那种浪漫念头，也只能压在心底。一则因为汪玉芳与丈夫关系不好，二则因为妻子警察似的侦查，更主要是二人的职务，以及由此带来的种种束缚和禁忌。地位和工作压抑着他们不能有实际爱的行动，但阻挡不了内心情感的涌动。主人公竟然梦到二人同台演唱《武家坡》。后来汪玉芳再看他时，林荣明招架不住、心猿意马起来。"心里就有了一种颤颤的感觉。"小说用含蓄蕴藉的语言表现了主人公的潜意识，通过梦境展现了主人公被压抑的人性欲望。

从这个角度说，谈歌也继承和发展了沈从文对现代文明病的思考。沈从文笔下的湘西世界风光秀丽、封闭自足、恬静空灵，是一片纯然的净土。湘西儿女人性淳厚、古朴美好、顺其自然、返璞归真，人与自然完美融合在一起，获得人性的和谐。而都市上层社会虚伪、做作、寂寞、空虚、压抑，用文明的绳索捆绑自己，反而使人性跌入更加不文明的轮回中，进而道德沦丧、人性扭曲。从一定程度上说，《城市票友》中的滨河公园和票友的世界实际也是一个

"边城"，一个喧嚣都市中的一方净土，是试图与物欲横流、权利纷争的当代都市抗衡的另一个时空。显然，此"边城"并不具备与现代都市文明病抗衡的足够力量。林荣明再次光顾滨河公园时，已人去园空，难得的灵魂栖地也沦陷了。主人公为此唱出了一支忧伤无奈的挽歌。

结尾处，票友群又搬到莲花公园，但林荣明已经无心再唱，他放弃主体的精神追求，退回到之前的生活轨道上来。蒙田在《关于退隐》中讲道："倘若我们身在江湖却始终心存魏阙的话，那么即使我们面对的是无限宁静的月光、清幽的湖水、悠然自得的浮云、明净的秋日，内心也很难真正的超脱尘寰中的得失计较、爱恨情仇。这种人自以为抛开了纷纷扰扰的世间万象，实际上不过是自欺欺人而已。"[1] 林荣明即是如此，他去滨河公园当票友也只是偷得一丝清闲而已，实际上始终"心存魏阙"。谈歌不仅仅注目于道德和人性，还探讨了当代上层社会的得与失，从精神层面展现了当代上层人物的无奈、困境和主体的迷失。

《人间笔记》及《人间笔记2》由早期的"大厂"系列关注当下社会现实，尤其是经济社会发展中的热点问题的"紧贴社会"发展到展现保定地域奇闻轶事的"挖掘历史"。而《人间笔记》中的《城市票友》则又在题材上有新的突破，标志着谈歌向"城市"系列进军，开始关注都市中人的精神状况。之后的《城市传说》及《都市豪门》，即是这种现实主义转向的代表。到2009年长篇小说《票儿》出版时，谈歌又重向"历史"挖掘，但其写作风格与《绝唱》《人间笔记》《人间笔记2》大不相同，已经不再受"三驾马

---

[1] 蒙田. 关于退隐[M]// 蒙田随笔. 梁宗岱, 黄建华译. 武汉: 长江文艺出版社, 2013:31.

车"和"现实主义冲击波"的影响和限制。到 2015 年巨著《大舞台》的出版,这种艺术风格已经得到了淋漓尽致地挥洒!

第七章

历史小说

第一节　历史小说概述

历史小说主要是针对小说题材而言。英国 H·奥斯本《牛津艺术指南》（1970 年）中对历史小说的解释是："利用历史材料加以想象丰富而重新构成事件发展的一种叙事文体，采用的人物或者是虚构的，或者是真实的历史人物，或者二者兼而有之。既然允许有相当广阔的活动范围，因而小说家往往尝试着以某种程度的精确性重新创造他所要叙述的事件的壮观的戏剧性场面。"英国罗吉·福勒的《现代西方文学批评术语词典》中说："此术语指这样一类小说：'与作家写作这些小说时的时间相比较，小说中故事发生的时间显然具有历史性。'叙述的时态可以采用过去时，记述时间可安排在过去，也可在过去发生的事件之中的某个间隔时间之内。"作家一般通过描写历史人物、历史事件，再现一定历史时期的政治、经济、军事斗争、市井生活等，尽量全面地展现某个历史阶段的社会面貌和发展趋势。

一、历史小说的内涵

历史小说整体追求严肃性、严谨性，但也不可避免地追求艺术虚构性，是适当地对历史进行艺术加工的文学作品。因此，历史小说中的主要描写对象，不管是人是物还是事件，抑或是地域，都有历史根据，都受特定历史条件、历史阶段的限制，在历史的可然与必然规律支配下、在一定史料指导下进行虚构。这主要就一般意义上的、相对传统的历史小说而言。鲁迅在谈到历史小说的写法时，将它分为两种：一种是"博考文献，言必有据"（鲁迅《故事新编·序言》），另一种是"只取一点因由，随意点染，铺成一篇"。这样看来，前者就是比较严格意义上的历史小说，而后者较为自由，其中的想象和虚构更自由、更丰富。

20世纪90年代以来，又出现了一种历史小说类型。这种历史小说在后现代主义思潮影响下产生并形成潮流，其内容不再像传统历史小说那样表现宏大历史，而是注重历史中的细节或对历史进行戏说、新解，或进行颠覆性改写。在艺术处理上也经常用戏谑、反讽、戏仿等手法，刻意凸显历史的某些喜剧性、荒唐性和滑稽感，这种历史小说被称为"新历史"小说。

二、历史小说的分类

历史小说的题材既包括国家大事，又包括个人私事。主人公既可以是历史上的真实人物，又可以是虚构的人物，他们的命运都与真实的历史事件息息相关。谈歌的历史小说内容比较丰富，大致可以分为三种。

（一）改写历史人物、历史故事的短篇小说

谈歌善于从中国古典小说、话本演绎及历史史实中吸取营养。因此，他有许多改写历史人物、历史故事的中长篇小说，比如根据《水浒传》中的情节改写的小说《杨志卖刀》。另有表现历史人物关汉卿、荆轲、刘邦、项羽的《单刀赴会》《绝士》《天绝》等，更有

写历史人物白玉堂的连续性长篇小说《逍遥楼》《曲之杀》《局外局》《案中案》《血黄金》《血弥途》等。

（二）展现保定历史的短篇笔记小说

谈歌有许多展现保定历史，尤其是展现民国以来保定历史的短篇小说。这些作品重点讲述老保定的奇人轶事、文化风俗，偏向传奇性和文化意味，主要是笔记体短篇小说。这些作品主要收入《绝唱》《人间笔记》《人间笔记2》等小说集中。这类小说的叙述节奏疾徐有法，能在有限的篇幅中展现人物一生跌宕起伏的命运，进而表现历史的状况。诸多篇目结合在一起，几乎成了保定民国以来的历史文化展览。尤其是对民国时期的保定有详细的叙述和描绘，堪称一部保定民国时期的"清明上河图"。

（三）长篇历史小说

这类小说描述了中国自民国以来到21世纪的这段历史。其中，重点选择了北伐战争、抗日战争、解放战争等重大历史事件为背景，场面宏大，充分展现了历史风云和时代的变迁。代表作有《家园笔记》《票儿》《大舞台》等。

总体来看，谈歌的历史小说既吸收了中国传统历史小说的艺术营养，又融入了自己对历史的想象和思考，并且力求在艺术技巧上不断地进行探索和突破。

第二节 《家园笔记》解读

《家园笔记》是谈歌的第一部长篇历史小说。主要有三个版本：第一个版本由人民文学出版社出版；第二个版本由百花文艺出版社出版；第三个版本是由中国工人出版社出版的蒋子龙点评版。

一、历史、传奇、英雄主义的完美融合

《家园笔记》讲述的是"我"的父亲家族和母亲家族的故事，故事背景是抗日战争。故事发生在野民岭———一个充满原始力量、反抗精神和血性彪悍之气的地方。《家园笔记》中的"家"，既是家族的"家"，又是国家的"家"。作者将家族历史与国家历史巧妙地交织融合，既展示了家族承继者的不同命运，又串联起历史的风云变幻，融个人的慷慨悲壮于时代的磅礴厚重之中，最具血性和阳刚之气，最能体现谈歌小说的浩然正气和雄风。

除了《家园笔记》，还有《天下荒年》。这两部小说都是谈歌以第一人称的口吻进行叙述的作品，都对"我"的家族历史进行了讲述，从某种程度上说，都是对家族情怀的某种渴望和对历史的深度反思。有心的读者不难发现，谈歌的这种感性和理性在《天下荒年》中已有相当多的表现，但他并不满足，又将其中的某些情节和

人物迁移到《家园笔记》中，给予更直接的表现，并且加上了充满理性色彩的议论。《家园笔记》中对家族形象的虚构，可能源自谈歌对自己祖先的想象。这一点在第一章中已有提及。

小说先写"我"在部队的故事。部队师长是野民岭人，他出于对故乡的怀念，主动邀请"我"这个野民岭出来的士兵去他家里吃饭，并当众认了"我"这个小老乡。师长是一个标准的野民岭汉子，豪爽、耿直、血性、粗犷，他好酒，对故乡的枣酒念念不忘。师长讲起当年的英雄往事，其中一些人物正是"我"的长辈。

小说由此展开倒叙，从"我"的外祖父讲起。故事的起因和导火索是一块偶然发现的狗头金，引发了野民岭的古、李、韩三姓家族争夺国宝狗头金的故事。两大家族关系复杂、盘根错节，明争暗斗、互相残杀，将人类的贪婪和血腥表现得非常直接。"我"母亲家族的主要人物，有"我"的姥爷古鸿光、二姥爷古鸿明、三姥爷古鸿洲，以及大舅古志川、二舅古建勋、三舅古志河、四舅古志刚、五舅古建业、二姨占玉梅等。"我"父亲家族的主要人物，有曾祖李远达、祖父李啸天以及大姑李金枝等。其他，还有围绕在两大家族周围的韩姓家族、曹氏家族，以及各路土匪如太子崖的匪首张五魁、望龙山匪首刘海儿和康大鹏等。小说分阶段讲述了各个家族内部及家族之间的复杂关系。

小说成功地塑造了一批有阳刚之气、有血性胆识、有气节操守的鲜活的英雄人物形象，并且重点讲述了多个主要人物的人生走向和不同结局，富有传奇色彩和历史的厚重感。比如，斯文儒雅、外柔内刚、有文化有操守、从容就义的大舅；做事果决、有胆有识、忠勇爱国但英雄无用武之地、被国民党多种势力裹挟、怀疑、打压终至四面楚歌、悲壮而死的二舅；桀骜不驯、刚愎自用、宁死不屈、有热血、有傲骨的匪首李啸天；去过苏联、会讲俄语、革命经验不足但毫无私心、勇于承担责任的革命者周一凡；参加过北伐、领导过赤色暴动、组建过苏维埃政府，与反革命阵营坚定对决、立场坚定、冷酷而刚强的三舅；等等。这些人物身上都体现了昂扬的英雄主义色彩。在充满残酷、充满斗争的历史洪流中，他们是中华民族坚韧不拔的中流砥柱。

二、文体的创新

《家园笔记》与一般长篇小说有明显的不同，虽然在整体安排上也有明显的线性进展、时间顺序，但章节之间的安排打破了时间顺序，基本以一个故事或以一个核心人物为单元。讲一个主要人物经历，可能会牵涉出另一个比较重要的、不可回避的人物。为了不使线索和情节中断，保持故事的相对完整性，作者采用剧透或简单勾勒的方式引出另一个主要人物，即第一核心人物塑造完成后或一个相对完整的故事讲述完后，再回过头来专门讲述另一个主要人物的经历，这在小说中作为插叙单元出现。

根据插叙单元与正常行文的密切程度，可分为章节插话和章节人物补遗。插入部分字体要与正文有所区分。而这些插话和补遗，又涉及多个人物、多种经历，往往溢出正在讲述的故事或话题之外，但又辐射多个方面，延伸多年的历史变迁。这部分插叙往往时间跨度更长、牵连的人和事更多、内容更加丰富，且单独成章。这样的叙述方式，不仅丰富了第一核心人物的故事，而且塑造了其他与之相关的、各具魅力的人物形象，加上逸闻趣事、风俗民情，使小说具有相当的传奇色彩和可读性。

三、章节相对独立

这种结构安排，在叙事节奏上有所延宕，既能让读者得到适当的休息，静心思考；又能给读者充分的自由，可以自行选择阅读或跳过插叙内容，而不影响主要的故事线索。其实，这也是作者的一种叙事策略。

《家园笔记》中的每个章节之间既情节相对独立，又形成一个带有勾连的辐射状结构。在文体形式上，比较跳跃、自由。当然，这种结构安排也有一定的"弊端"。暂时的叙述中断，可能会让读者产生一些记忆上的忘却，即看完了插入部分，转移了注意力，完全被补充叙述的精彩所吸引，而将之前正在讲述的故事"遗忘"。作者能让一个个鲜活的人物和故事层出不穷，造成一些情节上的杂糅和混淆。但是，读者一定会记住一些令人过目不忘的人物，一定有一些奇闻逸事令人刻骨铭心，一定会有一些值得反思的深刻的议论点评，这就是小说的插入部分。

总体上说，用笔记小说连缀形成长篇的尝试是成功的。创作《大舞台》时，谈歌在文体方面的建构则更加自由、灵活，他采用整篇插入、片段插入或者即兴短句插入等样式，既加入了跳进跳出的叙述，融入了相声、评书、网络用语等多种多样的艺术手法，又加入了自己的主观抒情和直接的评点议论，这是多种艺术的有机交融，是文体淋漓尽致地创新。这些成就的取得，少不了《家园笔记》为之打下的良好基础。

四、历史与现实的对话

《家园笔记》以其独到的形式、畅达强劲的语言，描述了悲壮凝重的、大起大落的故事情节。小说通过将以野民岭为代表的野性精神和当今的个人主义、拜金主义、精神贫弱做对比，并给予后者批判和谴责。这充分说明，谈歌的历史小说都不是单纯写历史，而是有明确地借历史关照现实的理念。小说中多处的插话或补遗就是跳出历史进行书写，与当下的人和事对比映衬。比如，小说中写"我"在野民岭坐车遇匪打劫，但一车人无动于衷地看着"我"与歹徒搏斗。此时"我"直白地感叹，当年"路见不平拔刀相助"的野民岭人不见了，如今只剩自私和胆小。由此可见，小说在呼唤一种质朴、正气、野性的野民岭精神的回归。正如谈歌所言："我写了不少历史小说，其实主要还是着眼于现实。历史只是我思考现实的一个路径，要说的还是当下的人和事。如今，在很多的事情上，我们还不如古人做得好。丢了思想文化传统是很可怕的。我多年的写作体会是，在社会诸要件之中，道德是核心。道德一旦崩盘，什么都不要再讲。"[1]

　　总体来看，《家园笔记》不仅在情感上，而且在观念理性上、在道德理想上，都给予读者强烈的感染和冲击，从而展现了故事人物铁血英雄般的浩然之气。

---

[1] 苏墨. 谈歌：我士工人中的一员 [N]. 工人日报，2014-09-01(07).

第三节　《票儿》解读

　　《票儿》是谈歌当年代表河北省作协参加"全国 30 省作协主席小说擂台赛"的参赛作品，最初在"起点中文网"连载，2009 年 9 月在湖南文艺出版社出版。《票儿》是谈歌另一部极具历史与传奇色彩的长篇小说。在谈歌看来，历史是庄严和神圣的。不管是主导和改变历史发展的英雄伟人，还是参与历史进程的寂寂无闻的小人物，他们身上都呈现出一种历史的真实感和严肃性，但小说在本质上是一种通俗读物，是产生于市民群体中的一种寓教于乐的文体，外在表现首先要追求"好看好读"。那么如何将历史与小说结合、如何让小说通俗好看又能容纳庄严的历史内容，是谈歌思考的重要问题。《票儿》在这方面做了成功的尝试，小说以票儿为核心人物，他充满曲折和传奇色彩的身世和成长经历串联起了一段段波诡云谲的历史。

一、在故事内容上做足文章

（一）突出核心人物的传奇色彩

　　小说故事情节要有足够的吸引力、要鲜活生动，要跌宕起伏，就必须突出核心人物的传奇色彩。《票儿》塑造了一批鲜活生动、令人过目不忘的个性化人物，如票儿、肖桂英等，他们成为最强辅助，共同展示了一个精彩的人物画廊。票儿是一个被土匪绑票的男孩儿。但其生父、绸缎店的掌柜王家林，要钱不要命，竟不去赎自己的儿子。匪首张才明不相信天下竟有不来赎自己孩子的父亲，又见小孩儿眉目清秀、聪明可爱，加之自己没有子嗣，便收为养子，取名"票儿"。至此，票儿就成了响马王子、受人尊敬的十二太保。之后，票儿被卷入各个山寨的利益之争，面对那些阴谋冷箭，他凭借自己的勇武、机智和仁义成为山寨首领、一代枭雄，威震四方，驰名江湖。国家危难之际，他挺身而出，与鬼子周旋、浴血奋战，成为让鬼子头疼、恨之入骨的头号"克星"。因缘际会，偶遇故旧，他加入中国共产党，走上革命道路，成为"另类英雄"。新中国成立后，他成为一名称职的公安局局长，不幸牺牲，终成烈士。票儿的故事充满了传奇色彩，既展现了迷幻命运、悲壮人生，又体现了时代的苍凉和历史的厚重感。

（二）塑造另类英雄群像

作者采用"两山对峙"与"烘云托月"手法凸显票儿的魅力。小说通过描写票儿与牛桂花的恩怨、与赵振江的斗智斗勇、与祁国英的智慧较量等来反映票儿的勇敢、机智、正义、幽默。为了进一步凸显票儿的魅力，谈歌充分吸收和借鉴了中国传统小说的"英雄美人"模式，塑造了智勇双全、美貌绝世、豪气冲天的女匪首肖桂英的形象。两人既是旗鼓相当的冤家对手，又是惺惺相惜、并肩作战的生死朋友，同时还有千丝万缕的、扯不断的儿女情长。小说结尾，票儿牺牲，肖桂英永久纪念，在格调上表现为一种忧伤、一种遗憾。这种结局本身就有余韵悠长之感，增强了小说的新鲜感和审美性。

在"两山对峙"的同时，肖桂英还有"烘云托月"的作用。在"店铺谈判"一节中，肖桂英聪明，但票儿更机灵，他以拙破巧令肖桂英甚为叹服，体现了票儿的魅力和智慧。谈歌还设置了一个"神秘人物"——票儿的师傅。他传授票儿绝技"天女散花"和"百步穿杨"，总在关键时刻救票儿于危难。这貌似"萍水相逢、聚散皆缘"，实则是票儿以自己的能力和魅力赢得了师傅的关爱、赏识，甚至敬意。此外，小说还设置了一个小人物甘二河。在情节推动上，他是让票儿起死回生的关键人物，也是用来烘托票儿形象的重要人物。甘二河雪夜冒死送羊救饥寒交迫的票儿部队、上山采药医治生命垂危的票儿，这些令人感动的行为背后，是票儿有恩于他，也反衬了票儿的仗义和宽厚。

除了主要人物，小说还塑造了一些身份卑微的小人物。比如充当日本人翻译官的张之际。作者并没有将人物符号化或简单化处理，也没有一般小说中描述的汉奸嘴脸，而是突出了他的卑微无奈。张之际是一个孝子，为了老母亲，他不得不忍辱负重、顶着骂名，他虽然不敢有所反抗，但内心并没有泯灭善良和尊严，他利用身份之便，巧妙地帮助了票儿。母亲去世后，他再无后顾之忧，变得无所畏惧，因此内心的文人尊严占了绝对上风。他为曾经当过日军翻译而产生屈辱感、惭愧感，他要洗雪耻辱，所以关键时刻，他毅然用自己的生命换下票儿，让狱中的票儿"金蝉脱壳"，而自己服毒自杀。此时，张之际也由一个汉奸翻译、软弱文人变为士可杀不可辱的软而刚的斗士，其人物形象也变得更立体、多维、丰满。

（三）强调纪实性

《票儿》强调纪实性。小说创作者将故事和历史融为一体，产生了一种确有其人、确有其事的效果，这就是纪实感。为此，谈歌大量援引史书、文献,包括《保定志》《保定匪患的形成》《保定三套集成》《保定文史资料 17 辑》《保定抗战纪事》《保定民间故事选》《晋察冀抗战史》《保定民国史料》《日军侵华暴行录——保定卷》《保定抗战大事记》《古玩欣赏漫谈》《支那战争中的一些经历》《保定党史人物》等 24 部。

为了证明所讲故事的真实性,谈歌在叙事上也非常讲究。他追求一种娓娓道来、援引证据,讲清楚来龙去脉的效果,常用"某某时间谈歌曾到某地采访某某人的故事"这种结构,将读者带到他设置的历史语境中。因此,谈歌历史小说中往往"事是真的、人是假的",把不同的事安放在同一个人身上,即鲁迅所谓"杂取种种人合成一个"使故事内容更集中、情节多带传奇性,人物起到"结"的作用,从而展现出浩然正气、慷慨悲歌、厚重深沉的历史精魂。

二、讲故事的艺术设计

谈歌非常会讲故事。他善于从传统文学,尤其是话本、传奇中吸取营养,讲出一个个环环相扣、起伏曲折、有头有尾的故事。在故事讲述过程中,他巧妙地运用了多种叙事技巧。

(一)强调"叙述者谈歌"的主体地位

这是叙述者的有意安排,使读者往往把这个"叙述者谈歌"和"隐含作者(或作者)谈歌"混同,好像作者谈歌面对面地跟读者讲故事,而且谈歌也经常用"下面谈歌就讲一个……的故事"这样的句式,为读者创设一个静下心来听故事的情境,无形中拉近了与读者的距离,增加了亲切感和从容感。有时在叙述的过程中,因某种现象、某个话题而引发一些联想时,谈歌往往用"写到这里,谈歌……"的句式暂时打断叙事进程,从而产生一种脱离故事语境的间离效果，让读者有一个独立的思考空间。我们知道，谈歌是一个见识深刻、语言犀利、不愿压抑和虚伪的人，他见不得不平和不义。所以每当小说中出现类似情节时，我们能够想象谈歌几乎是不由自主的，一定要下场参与，一定要将心中的感慨一吐为快。所以，很多的即兴插入和评点，都可以视为作者谈歌情感态度的自然流露，从行文中亦可见作者的真性情。

谈歌在讲故事时主次清楚、线索分明、有条不紊，并且对读者给予充分提示："为什么这样？谈歌且说说赵振江""写到这里，谈歌要讲述一下肖桂英和她的丈夫骆凤玉的故事了"等等，这种提示性的叙述比比皆是。"花开两朵各表一枝"，故事分叉时，会一个个都讲清楚。同时，谈歌愿意展示自己的创作状态，比如："暂且打住，且说肖桂英。谈歌行文匆忙，已经将肖桂英搁置太久了""匆忙之中，谈歌且停下笔来，交代几句聂双会""写到这里感觉有些乱了，谈歌要停下笔来，交代一下张越明"等。从中，我们仿佛见到了奋笔疾书、周密布局，但兴致所致、酣畅淋漓时难免有所偏重，又及时予以理性纠偏的作者。

谈歌注重时时与读者进行交流沟通，呈现的是一个开放式的创作状态。在提示线索的同时，谈歌充分利用电影镜头、预设、包袱、悬念等技法，调动读者兴趣，不断满足又不断打破读者的阅读期待，时时让读者保持极强的注意力。比如，"谈歌不厌其烦地介绍这些店铺，是因为这些店铺后来竟演变成票儿与张才明反目的一个重要发端""票儿偶然遇到，便是造化使然了，这汉子后面还要出现，暂且打住""他们谁也没想到，二人再见面时，却是十三年之后了，而且几近反目成仇""（周士良）抗战之初，他死得十分壮烈，暂时按下，后面再说""票儿也不知道，他如此痛快淋漓地处置了马小武，却给他后来留下了杀身之祸的伏笔，此是后话，打住"等，均是预叙，提前透露情节，使读者明了的同时，又吸引了其好奇心，想了解详细的究竟，实际也是一个悬念。

（二）注重叙事节奏

谈歌在叙述节奏上也疾徐有致，能有效地将时间跨度大的历史融于有限的篇幅中，从而推动叙事的进展。电影镜头语言是一门富有生命力的艺术。比如小说开篇，先是一个非常具有电影镜头感的场面描写：大门徐徐打开、武警战士荷枪实弹、大卡车上押解着五花大绑的七个匪首，之后是刑场行刑的画面。这一组电影镜头一下子将读者拉入历史情境之中，同时将小说的氛围带入高度紧张的状态中。但其中只有六个被处死刑。肖桂英在全程接受审判、游街和被押赴刑场之后又被押解回来。这使读者心中产生一个大大的疑惑：从小说内容来讲，肖桂英与票儿之间存在极大的误会，她要寻票儿报仇。此时将"镜头"拉回过去，进行"回放"，对事情的前因进行追溯。之后，为了将问题解释清楚，必须要对当时的背景进行描述，因此笔锋一转，"谈歌暂且放下票儿与肖桂英的故事，先交代一下保定民国年间的土匪情况"。这样的叙事节奏由紧张变为舒缓。描述完背景后，又讲票儿的故事，之后插入提示介绍："谈歌行文匆忙，已经将肖桂英的故事搁置的太久。"蒙太奇般迅速回转到对已中断了的肖桂英的讲述中，使整部小说的叙述进程张弛有度，结构回环、保持平衡。

（三）螺旋式上升的结构

就小说整体结构而言，类似于弹簧式的、旋转奔腾的波浪卷，整体是一个螺旋式上升和前进的结构，即由一个主要人物牵涉出另一个人物，然后在这条主线上嵌套进这个人物的经历，这个小闭环完成之后，再重新回到主要人物主线的叙述上，如此反复。比如，在票儿这条线索中，牵引并嵌入张才明、路文友、路豹英、牛桂花、岳成久、赵振江等人物的故事；在肖桂英这条主线上牵引并嵌入了肖长虹、骆凤玉、陆文昭、玉兰和淑人等人物的故事。人物虽多但不凌乱，相关人物呈串联式，一环套一环，谁与谁相关，清晰明了。票儿与肖桂英是两条平行的主线，起到横梁和主体框架的作用。对于二者的叙述，不偏不倚，有条不紊，且呈现出一种结构上的和谐美或平衡美，但二者又有交集。比如从"店铺谈判"和"票儿援手肖桂英"等情节到"票儿劝降肖桂英"后，两个人走到同一阵营，两个叙事单元合二为一。

"一个叙事单元，是由一定的人物事件和背景组成的一个具有内在自足性和内在独立性的故事。这里的内在自足性指故事本身是完整的，有着组成一个故事的必要元素。内在独立性是指故事不依附或包括在其他的故事中。所谓整一，是指小说虽然由几个叙事单元组成，但有通过人物、线索、情节等的联系渗透组成一个统一整体"。[1]"二元整一"的结构是形式上的整体性、统一性的审美表现，暗示了小说的核心故事，即"江湖正道"，而二人精神契合达到新高度，则是英雄儿女之成长与灵魂归宿。可见，小说的结构安排体现了谈歌艺术构思的巧妙。

（四）融合杂文手法入小说

谈歌善于融合杂文手法入小说。文中有许多穿插（即小括号中的内容），或针对行文过程中的某些现象、问题发表议论，或对某些看不惯的现象做一个调侃或讽刺，或援引时事对叙述内容进行引申，或补充相关材料使内容更详实生动，这些都使小说更

---

[1] 郑克鲁.外国文学史 [M]. 北京：高等教育出版社，2003：89

丰富、立体。就插入部分来讲，内容往往与时代生活、热门话题密切相关，融入了许多时髦的流行词汇和大量的网络用语，如"万人迷""超女"等，使小说带上点痞气、时尚气息和幽默色彩。谈歌小说在语言上与时俱进，时刻与现实生活接轨，显示了一种年轻化、鲜活幽默而富有时代气息。

三、注重文格

"话必通俗方传远、语必关风始动人。"谈歌讲故事尽量"俗"，但不庸俗、低俗，故事传达出来的精神和格调是严肃、崇高的。谈歌追求一种昂扬的"雄风"，即英雄之气、血性骨气，不唯男人如此、伟人如此，女人亦然、小人物亦然。《票儿》中，肖桂英家的奶妈李春花本来可以选择逃走，但坚决"请死"，"宁作飞灰、不做浮尘"。普通妇女此举更让人热血沸腾。张之际，一介文人，忍辱作日军翻译，是为了"尽孝"，母亲离世后无所牵挂，牺牲自我救出票儿，大是大非面前舍生取义，理智而从容，尽显英雄本色。另有周士良和岳成久的忍辱负重、争相赴死等。

《票儿》是写历史，但其着眼点仍是现实、借历史评说今事。针对当代人文精神的缺失和道德的滑坡，谈歌塑造了热血意气、一生豪情、重仁义道德和民族气节的另类英雄群像，使小说有一种浩然之气和"雄风"，让人读后叹服、动容、落泪、震撼，从而陶冶心灵、净化精神，享受浓郁的精神洗礼。

第四节 《大舞台》解读

　　《大舞台》是谈歌用心创作的一部长篇力作，是谈歌小说创作的集大成者。该作品体现了谈歌多方面的艺术成就。《大舞台》最令人印象深刻、记忆犹新的是其人物形象，不管是核心人物，还是主要人物，抑或是出场不多的次要人物，每个人物都形神毕肖、栩栩如生，都是独特的"这一个"。

一、人物论

　　小说涉及人物非常多，他们身份各异，有政界要人、江湖义士、工匠艺人、梨园名伶、文人书生、军人特工等。主要人物，至少有赵元初、梅三娘、徐飞扬、马凯旋、付浩声、张宗民、唐行一、虞世通、梅立春、梅天凤、梅可心、萧家广、甄广宁、曹正汉、许敬豪、方千明、杨昆平、乔运典、钱如雪、李天曼、葛云梁、奚月明、郭子路、任雪儿等。另有许多独具个性的人物，他们所占比重不大，但人物形象丰满，如神秘的乌有道长、虽幼稚但桀骜的书生马长江、医术高明又料事如神的马浮白、女扮男装当号兵的痴情者扈天明、爱吃的土匪杨大友、老保定刀削面馆的掌柜连城、酷爱唱戏的"戏痴"薛大头等，共同展示了一个精彩纷呈的人物画廊。

（一）深藏不露的大佬赵元初

赵元初是小说中塑造的极具魅力的人物形象。他在小说中第一个正式出场，他地位显赫，是诸多线索和矛盾的焦点，是深藏不露的教父式的重量级人物。赵元初的一生跌宕起伏、极富传奇色彩，同时又深具现实性和人间烟火气，这使得他既充满神秘色彩，富有独特的魅力，又显得真实、可感、可信。这与谈歌一贯的严谨性、纪实感的追求一致。

1.突出身份和经历的不同寻常

小说凸显了赵元初不同寻常的身份和经历，这为他之后的性格养成，才能和智慧的获得，以及在特定历史进程中的作为及成就打下了坚实的基础。赵元初自幼饱受辛苦，孤贫失学，十五岁就闯荡江湖做变戏法的艺人，他曾在魔术大师许敬豪的许家班搭班当演员。许敬豪的徒弟勾引赵元初已经怀孕的妻子，并将其带走；许敬豪为了班子名声将赵元初赶走，使他的人生几乎跌入谷底，这些早年经历的磨难使赵元初养成了独立坚毅和忍辱负重的性格。同时，多年底层的流浪生活，使他的身上带有草莽气和江湖气，有手段、有胆气，这无形中使他与仁义和豪情又多了千丝万缕的联系。而社会的历练，练就了他善于观察、洞明世事的本领，形成了质朴品格，即万事坚持本分、从心所欲不逾矩，这也为他日后受张作霖赏识而能长远发展奠定了基础。

偶遇张作霖，是赵元初改变人生轨迹、命运发生转变的关键。之所以能够赢得张作霖的关注，与赵元初的技能、经历、性格、见解密不可分。比如，赵元初精彩的戏法成功吸引了张作霖的注意；他性格豪爽、野性，敢跟张作霖攀谈；他能察言观色，判定张作霖并非寻常之人，并果断做出愿意跟随的决定。赵元初追随张作霖，两年之内先后任士兵、卫兵、班长、排长、连长、营长、团长、司令副官、炮兵旅长、沈阳警备区副司令，后又被南京政府任命为师长，同时兼任保定督查区副专员、保定警备区司令，可谓一路"开挂"。赵元初从军的这段经历，使他变得坚毅顽强、不惧牺牲、勇猛无畏，同时展现了他军事部署的卓越才能和运筹帷幄的高超智慧。赵元初秘密加入中国共产党，体现了他在政治信仰选择上的正确且坚定。

2.多维度塑造丰富的人物形象

作者塑造人物的关键，是把人物放在多种关系中，使赵元初成为诸多矛盾的焦点，使他同时在几条"战线"上作战：与保定商界的欺行霸市、仗势欺人者，如赵至孝、冯大正等进行斗争；整顿保定的城匪和"小跑儿"，组建"兄弟社"；举办"全国杂技魔术大赛"；暗中利用身份和复杂的人脉关系，为党提供重要情报；等等。后来赵元初被投诚的汉奸当作汉奸误杀，而这些内幕则是在赵元初牺牲后才完全真相大白的。这个情节转折并非突兀，在小说叙述中早有伏线和蓄势，结构非常严谨。比如，赵元初与梅三娘、马凯旋、徐飞扬、虞世通的关系，透露出他身份绝非单一和等闲，从他的言谈、处事中能感受到他的从容大气、城府深厚。

总之，多方面的复杂关系塑造了赵元初丰满的人物形象。他有雄心壮志，有理想抱负，有能力担当，有江湖好汉的豪爽仗义，有对组织、对国家、对信仰的忠勇和执着，他对人格尊严极为看重、曲而不折。他热爱朋友，雪中送炭，一言九鼎；他感情含蓄内敛，与梅三娘的感情含而不露；他扶持下属、赏识才俊，与张宗民、唐行一等人建立了如父如兄的关系，使得他们生死相随；他对恶人从不手软，多变机智、阴狠毒辣，刻薄无情。

3. 正面塑造人物形象

小说对赵元初形象的塑造，采用正面展示和侧面烘托、陪衬的方法。如借助徐飞扬的称赞，张作霖、秦德纯等的赏识，唐行一、张宗民等对其绝对得的敬仰等，这些基本是采用"烘云托月"和"众星捧月"的手法，突出了赵元初的核心地位，起到了立竿见影的效果。下面，就让我们从几处经典的情节来感受赵元初其人。

（1）初立威信

开篇不久，赵元初出场。作者通过赵元初处理"保定烟土走私"和"保定车行"两个故事，来展示和塑造赵元初的形象。关于处理"保定走私烟土"的问题，小说作了详细的背景交代。"保定烟土生意历来猖獗，官府为了自身利益包庇纵容，也有侨民因特殊身份而嚣张。"赵元初经过调查，锁定重点打击目标为"光和商社"，之后冒名北平大客户与之做生意，在双方交易时，派兵冒充土匪对他们进行抢掠打杀。这时，赵元初再利用保定当政长官的身份，以维护治安为名，逼迫"光和商社"交出杀人犯并清剿烟贩子。"光和商社"倒闭，保定烟土走私市场从此萎靡不振。

赵元初处理"保定车行"问题，主要是与恶霸冯大正的冲突和较量。冯大正是保定"大富海车行"的大掌柜。赵元初表面上对冯大正客客气气，暗地里却自导自演，唱了一出"双簧"。一方面，他派手下冒充北平的大客商，高价向冯大正购买禁运药品，并付巨额定金。冯大正被高额利益吸引，答应此事。但是，冯大正的两批禁运药品在即将到达交货地点时，却被警备司令部查获、扣押。这使得一向横行无忌、有靠山、有恃无恐的冯大正来不及启动应急措施，也来不及向自己的"保护伞"求助。没接到货的"买家"到冯大正门前闹事，乘乱纵火烧了"大富海车行"。赵元初以冯大正管理明火不善、扰乱城市民生、破坏治安、贩卖违禁药品为由，对其处以高额罚款，并没收车行。一败涂地的冯大正只好灰溜溜地离开保定。赵元初设计赶走恶霸冯大正，赢得市井百姓拍手称快。这两个故事，初步展现了赵元初的手段，他工于心计、胆子大、性格野，具有江湖匪气，但他有魄力，勇敢无畏、不惧打压，是一个刚性的男人。

（2）赵元初与卤煮鸡

赵元初是一个非同寻常之人，但也有普通人的喜好。他爱写字，也爱吃卤煮鸡，尤喜"十里香"的美食，因而结识了该店掌柜李程之，二人关系密切。李程之很会办事，他不收赵元初的钱，说喜欢赵元初的字。赵元初本着货换货、两头乐的人情原则，用字换卤煮鸡。但是，李程之有些忘乎所以，超越了自己生意人的本分，竟然利用自己和赵元初的交情替别人在赵元初面前拉关系，"跑官"。赵元初深知自己的个人爱好可能会影响国家大事，对此，他洞若观火，而且行动果断，他不再到"十里香"，也不再吃卤煮鸡，还断绝了与李程之的联系。赵元初具有深刻的自我反省意识，有大局观，能够见微知著，预见可能发生的情况并做出改变，这对身居高位的人来说，难能可贵。由此可知，赵元初是个懂得人情世故、随和有礼，同时又是个极讲究原则和底线的人。这一情节非常好地将传奇与世俗有机融合，既有非比寻常处又有人间烟火气，使人物可亲、可信。

（3）与梅三娘切磋斗技

赵元初与梅三娘相识，是因为他观看梅三娘的魔术表演。赵元初是行家，几眼便看出梅三娘是个名不虚传的高手。梅三娘表演空手取水变金鱼，正常过程应该是：由一只空碗变出一碗水，再变出一条活蹦乱跳的金鱼。可赵元初为试探梅三娘的功底，在梅三娘变金鱼时做了手脚，这使得没有提防的梅三娘变出了一条死鱼。但梅三娘镇定自若，她随机应变，暗中用功力让死鱼在碗中欢跳如常，赢得观众如雷掌声。梅三娘恼火有人暗中破坏，却不露声色，她四下拱手，谦虚地说自己才艺不精，并请台下的高人多提携捧场。梅三娘的话很得体，一般观众听不出其中的隐含之义。但赵元初却听得明白，他感慨于梅三娘谦恭、持重，也有好汉做事好汉当的气概，于是带头大喝彩，并接受赵三娘盛邀上台。赵元初用银圆作道具表演了一个手彩，正常过程应该是：依次变出苹果、鸡蛋，再变回一块大洋。结果最后变出一块石子。此结果显然是被梅三娘暗中置换，赵元初明了，这位仪态端庄的梅三娘是个不肯吃亏的性格。这一情节引发了之后赵元初与梅三娘的互相欣赏。

与梅三娘切磋斗技这个情节，在小说中主要起铺垫和引起下文的作用。这一情节也是赵元初重要的感情线索。赵元初不仅不是高高在上、无坚不摧的掌控者，也有世俗生活中个人细腻的情感，是典型的"无情未必真豪杰"。英雄美人的相识相知相爱，不仅使人物血肉丰满，而且是正常人性的体现。因此，这条线索使赵元初的形象不再被神化。但是，小说中的爱情不是庸俗的，它超越了世俗普通的男女爱情，重点突出了赵元初和梅三娘相爱的心理过程、思想基础和道德信仰，为之后两人的志同道合和并肩作战做铺垫。

（4）不动声色地捍卫尊严

新上任的华侨山要调查赵元初。华侨山资历尚浅但态度傲慢无礼，他送赵元初到楼梯口就停下了，态度淡然，相当敷衍地说了声"赵司令走好"。赵元初一脸神秘地对华侨山说不妨多走几步，他还有话要说。华侨山不知就理，急于想在赵元初身上取得突破，以为赵元初会透露某些信息，便急忙随赵元初下楼。走出大门后，赵元初却笑着说："其实，我只想告诉专员，按礼节，专员应该送我至此。请留步，告辞了。"这个情节非常具有画面感。赵元初表面从容谦和、态度斯文儒雅，但又软中带硬，有一种别样的狂傲和霸气，又酷又拽，此为尊严。在两个人的角逐和较量中，赵元初虽不动声色，但两人的能力和智慧高低立显。

（5）巧设"天长节"爆炸案

赵元初巧妙地设计"天长节"爆炸案而安然脱身是《大舞台》中的名场面。赵元初作为维持会会长，在获取了日本人要为"天皇庆生"的情报后，充分分析敌情，认为这是一个一举铲除敌人的好机会。他勘察地理位置、提前周密部署，在战友们和敌对者的共同配合下，上演了一出好戏。之所以能胜利完成任务，还有一个重要原因，就是他能洞察人物心理，并利用这一点巧妙布局，之后从容地金蝉脱壳。策划"天长节"爆炸案这一情节，可谓是赵元初个人综合实力的集中体现。

首先，赵元初充分利用自己与冯大正的矛盾设局。同为日本人办事，但身为维持会会长和副会长的赵元初和冯大正矛盾由来已久，双方为了各自的利益，经常在日本人面前互相攻击对方。于是，在哪里举行庆祝宴会，两人持不同意见。冯大正执意要去亚和轩。山口一郎对那里的掌柜印象非常不错，对那里饮食的讲究也很满意，因此同意在亚和轩。赵元初却在冯大正刚离开后，就直言不讳地说，冯大正把宴会安排在亚和轩饭庄是有私心，让山口一郎误以为双方在他面前"争宠"。山口一郎也知道亚和轩有冯大正的股份，因此用"近水楼台先得月"是人之常情之类的话，劝赵元初不必太较真，"人至察则无徒"。赵元初坚持自己在望湖春饭庄设宴的建议。山口一郎诡秘地调侃赵元初说，是否在望湖春有股份。赵元初说，为了避嫌放弃这个建议，自己不参与意见。赵元初巧妙地利用自己与冯大正的矛盾，表现出嫉妒冯大正和极力讨好山口一郎，这让山口一郎产生错觉，误以为赵元初只是为了一己私利，从而忽视了赵元初可能存在的威胁。这样就顺理成章地促成了在亚和轩饭店举行庆典的计划，赵元初利用山口一郎的自以为是，巧妙地把自己撇开、规避嫌疑。

其次，赵元初早对亚和轩有细致地侦查和周密部署，便于游击队事后撤离。赵元初的工作做得很细致，且有"预热"，他曾暗示并怂恿冯大正敲诈亚和轩老板匡正之。匡正之用贿赂摆平了此事，并奉送冯大正干股，二人一拍即合，建立了"双赢"的利益共同体的关系。深谙人物心理的赵元初未雨绸缪，放长线钓大鱼，而冯大正提议去亚和轩，果然中计。

最后，赵元初提前在亚和轩安排好物资和人员，顺利制造了宴会爆炸案并全身而退。赵元初将此事安排得滴水不漏、天衣无缝，活动当天他有事请假未能出席，有山口一郎为他作证，他能顺利撇清嫌疑。这一情节欲擒故纵、思虑周全、运筹帷幄，是赵元初多方面能力的综合展现。

（6）与赵小龙的关系

赵小龙是赵元初失散多年的儿子。赵小龙颠沛流离、寻父未果，在保定一度沦落为乞丐，后来沿街当了"小跑儿"，颇为有名。寻父心切的赵小龙当初以为赵元初是自己的父亲而追着喊爹，被赵元初赶走。在情节安排上，这实际是作者埋藏的一个暗示，直到赵元初逝世。这个情节，非常能体现赵元初作为父亲的良苦用心。赵元初给儿子留下的一封信，完整记录了赵元初的心路历程，其中有对儿子的千般不舍、万般愧疚，但又有为儿子长远前途周密安排的良苦用心，表明了他看淡个人生死的旷达。这封信，纸短情长，情辞恳切。作为父亲，他考虑儿子的长远发展，对儿子的关爱和牵挂表现得淋漓尽致，有细腻柔情，更有父亲的严爱。他暗中保护幼嫩的羽翼，用严酷的爱锻炼儿子意志品质，使其像苍鹰一样，只有经历风雨洗礼才能展翅高飞。正是有赵元初对赵小龙的悉心培养，才有了日后抗日战场上英勇顽强的赵小龙。

4. 侧面烘托、陪衬人物形象

为使人物更多面和立体，小说采用了"烘云托月"的手法，通过他人之口评价赵元初，又丰富了赵元初的形象。比如赵元初逝世后，唐行一、张宗民、马凯旋等的行为，均可印证赵元初的人格魅力及其对抗日做出的重大贡献。唐行一放声痛哭，悲号愤怒。张宗民两眼发直、昏头蒙脑，瘫软在地，几近昏厥休克；拍后背掐人中后，才暴喊出声，鲜血雨箭般喷出；之后控制不住暴怒，冲出门口，紧急集合队伍，立时就去报仇。这些失控的细节和动作描写，都可证明二人撕心扯肺般的疼痛，充分体现了他们对赵元初的尊敬和爱戴。马凯旋也坚定地认为，杀害赵元初的二人虽是误杀，但确实该死，就要快意恩仇。唐行一、张宗民和马凯旋都是人中俊杰，他们的表现充分衬托了赵元初的人品和德高望重。三人之于赵元初，起到了"众星捧月"的作用。

（二）义薄云天的魔术大师梅三娘

梅三娘是魔术大师，同时是武林高手、光彩照人，最具完美人格的女性形象。小说的命名也与梅三娘有密切的关系。大舞台是地名，是梅三娘演出的主要舞台，也是她的阵地。梅三娘在小说中具有多重身份，她是魔术大师赵旺才的弟子，身怀绝技；是梅氏杂戏魔术社的当家人，掌控大局；是赵元初志同道合的爱人，情感含蓄缠绵；是中共地下情报员，智慧且勇敢，有大义有担当。和小说中其他各具风采的女性相比，她更内敛、更智慧、更豁达、更坚韧、更大义。

1. 身怀绝技

梅三娘是一个身怀绝技的杂戏魔术艺人，这一职业既能帮助她掩盖身份，又能使她高效完成任务。小说中有三个精彩场面，淋漓尽致地展现了梅三娘的高超技艺。一是在上海与法国魔术师巴洛克斗法。这场竞技为梅三娘赢得了极高的声誉，让她获得了"神碟"称号，并成功在上海站稳脚跟。二是在大舞台表演抖空竹。梅三娘居然可以用空竹"抖人"，轻松地把一个日本军官抖出门外致死，可见其技术精湛、力气惊人。三是与方千明抬棺决斗。方千明作为师兄，梅三娘必然知道玩扑克牌是他的绝技，但仍然接受用扑克牌打赌的挑战，就是为了让对方输得心服口服。梅三娘最终轻松获胜，令方千明大为惊叹，充分体现了梅三娘技艺的炉火纯青。

2. 至诚大义

梅三娘不仅技艺高超，而且人格和人品高贵。她从师父那里学到的，最重要的就是做人要大义。梅三娘曾经暗恋师兄丛骏，但师父做主让师姐陈玉英嫁给了丛骏。后来，丛骏、陈玉英被捕入狱，托付梅三娘照顾三个孩子。梅三娘义字当先，毫不犹豫，没有任何狭隘和报复心理。她悉心照顾和教导梅立春、梅天凤和梅可心，将他们视如己出。在梅三娘嫁给白悦农前，她提出婚后不再生育的要求，就是为不让三个孩子受委屈。她不能对不起师兄师姐的托付。由此可知，梅三娘信守承诺、有情有义。

梅三娘的大师兄许敬豪耿直义气，他曾高价收购师父生前最爱的玉龙杯。但当他手指残疾不能再从事魔术事业而生计落魄时，他不得不变卖玉龙杯。为不使师父心爱之物落入他人之手，许敬豪请师弟方千明或师妹梅三娘收藏。梅三娘为帮助许敬豪而精心设计，她先是避而不见，后是讨价还价、推诿，再与虞世通斗气，最终以七千大洋的极高价格收购了玉龙杯。她充分照顾了师兄的脸面和尊严，让被帮助的人心安，是做人做到极致的表现，是大义使然。

3. 超拔脱群的智慧

梅三娘作为小说中的理想女性，有颜值、有魄力、有性格。除了这些作为小女人的特点，梅三娘更有大格局、大智慧。在内忧外患交错、各种情况扑朔迷离的情况下，梅三娘能够冷静分析、合理调度、掌控局面，这当然需要超拔脱群的智慧。这在"勘破假丛骏、陈玉英的真实身份"这一情节中有集中的体现。

首先，梅三娘善于管理自己的情绪。她外表平静，有成大事者的沉稳，有怀疑不外露，不至于引起对手的警觉。其次，梅三娘善于从细节和心理入手。她将诸多的疑点有效交织、合理推测，她从人性和人之常情的角度，以"丛骏、陈玉英"为核心展开思考：二人为何对自己亲生的三个孩子情感淡漠、置若罔闻；当年师父主持完他们的婚礼后为何执意冒雨入城喝酒，回来高喊"双喜临门"；多年不见、难得重逢之际，他们不诉衷肠，为何直接问师父留下的光绪帝亲赐的匾额在哪里？梅三娘经过缜密思虑和层层推理，分析出他们夫妇反常行为背后的秘密，具有拨云见日之效。之后梅三娘解开迷局，进而引出李天曼的身世之谜。由此可见，梅三娘细腻温婉、身怀绝技、侠义潇洒、深藏不露。

（三）神机军师唐行一

唐行一是小说中最富传奇色彩、贯穿小说首尾的核心人物，也是所有经历血雨腥风、志同道合、并肩作战的同志们中结局最为潇洒飘逸、神秘的一位。他是一个天才，有智慧担当，也贡献了小说中最为有趣的情节，堪称天才与智慧的神机军师。

1.唐行一的独特经历

唐行一年轻时家境贫寒、父母早逝、遭到哥嫂的欺凌打压，偶然机缘倒插门，到富户人家做上门女婿。因为天资聪颖，他很快学会了财务，并掌握了经商之道，但年轻气盛、缺乏历练，加之长期的贫苦生活，他一时没有经住诱惑，为了私利背叛了岳父。事发后，他流浪到外地，才有了后来的一番作为。难能可贵之处在于，他懂得吸取教训，并痛改前非。他当过兵、做过小官，都因自己的聪明而显现才能，从而获得机会保全自身。这一段辗转的经历锻炼了他的意志品质，也让他获得了初步的人生经验，逐步将自己的小聪明提升成大智慧。唐行一最重要的人生转折点，是结识徐飞扬和马凯旋，并拜马凯旋为师学习医术。这二位老师不仅教会他技艺，更提醒了他的不足之处和应该引以为戒的方面，这为他之后结识赵元初打下了深厚的底子。才能、学识、道德修养以及为人处世的方式，都是唐行一成长为一个真正的智慧型人才的必备素质，而赵元初也为他提供了施展才华和抱负的更大的人生舞台。小说中关于唐行一的聪明和智慧，有几个精彩的故事。

2.运用精彩故事多方面展示唐行一

（1）巧断"南瓜案"

汉子说妇女偷了他家的南瓜卖，妇女则说汉子穷极诬赖，一时真假难辨。唐行一笑着说，只要问问这个南瓜就知道了。唐行一指着一车大小不一的南瓜，对那妇女冷笑说："你看看么，这些南瓜可算祖孙同堂了，大的大，小的小，有的还没长成个儿呢。自家种的瓜这么小肯定舍不得摘下来卖。"由此判断，这一车南瓜是妇女所偷。

这个案子唐一行化难为易，其机巧之处，在于他非常懂得人性。他认为人性是天然的，即使再精细的人，也难以掩盖其随境而生的天然情感，无论作案的人如何处心积虑，也总会在人之常情上留下破绽。由此可见，唐行一对人性洞察之深刻。

（2）对徐飞扬、赵元初的评价到位

赵元初曾感叹自己的处境，如临深渊、如履薄冰，又要八面玲珑，真是煞费苦心。唐行一非常理解赵元初的不易和不得不虚与委蛇的无奈。在外人看来，山口一郎视赵元初为股肱，实则为鸡肋。唐行一认为徐飞扬、赵元初都是笃行君子，各有千秋。他评价徐飞扬文胜于质，却历经风浪，是宁折不弯；赵元初质胜于文，却阅历了陷阱机关，是弯而不折。这两人行事，气质不同、方式不同，却都是道德的、经世的。唐行一认为徐飞扬坦荡磊落，是临大节而不可夺志的君子。后文中，徐飞扬壮烈牺牲印证了唐行一此言不虚。这些评价精妙准确，可见唐行一见解高超、智慧超群，洞察识人的能力也是一流。

（3）为赵元初治病和处理家务事

这个情节中，唐行一不仅有作为医生的高超手段，更有医者能够医心的本领。他通过细致观察、详细了解情况，发现赵元初的病不是身体的问题，而是心情郁结的心病，而疏散郁结的最好方法，是使病人开怀大笑。为此，唐行一故意装傻，不惜出乖卖丑，尽量展示自己的胆小、怕老婆的一面。男人怕老婆无疑会被男人嘲笑，作为一个医术非常高明的人，居然有这样羞于见人的一面，这让赵元初觉得非常好笑。而唐行一的表演也恰到好处，在嘻嘻哈哈中治好了赵元初的病。

唐行一还帮助赵元初出谋划策处理家务事。赵元初的妻子刘小美长得丑还风流，与他的副官福国义私通。在赵元初生日时，唐行一给赵元初请了《武松杀嫂》《翠屏山》《钟馗嫁妹》等几场戏，意在告诉赵元初，要么杀之要么放之。赵元初听取唐行一的建议，认刘小美为义妹，并将她嫁给福国义。此做法，貌似成全，实为惩罚，虽福国义天生好色，但天天面对丑女可谓生不如死。这个情节，凸显了唐行一的聪慧，但也暴露了初期唐行一的某些骄傲和不知轻重，天资聪颖，但血脉偾张。徐飞扬和马凯旋恐他日后争狠斗勇而耽误前程，为此专门教导他处事不能张扬无度，"以其终不自为大，故能成其大"。正是有徐飞扬、马凯旋这样的师长及时教导，唐行一才能改掉缺点、将小聪明提升为大智慧。这也说明唐行一的聪慧不是完美无缺、天生如此的，不是神化的存在，是一步一步成长的，恰恰显得真实。

（4）巧妙押运间谍

张宗民接到密电，说机要张参谋和电讯组李组长有日军间谍嫌疑，要将二人押送战区司令部受审。此项任务艰巨，如何安全押解就成了难题。唐行一先行了解情况，得知二人之间彼此并无联系、不知底细，便分别找到二人，先私下命令张参谋押解李组长去战区司令部，后又让李组长通知张参谋到战区司令部报到，说另有重用。二人都认为自己没有暴露，便扮作百姓，认真负责地把对方押解到战区司令部。不费一兵一卒，不冒任何风险，以敌治敌，充分体现了唐行一神机妙算的"智多星"形象。

3. 突破传统小说的智者形象

小说在极力塑造唐行一智者形象的同时，尽力克服一般文学作品中智者形象的单一性、片面性，而是增强了其多面性和复杂性。唐行一帮助邱振江处理仕途危机，设计让与邱太太有染的何副官顶替罪名，事后却杀他全家。何副官虽不是什么好人，但唐行一杀掉他全家未免有点无情和残忍，而最终目的是不泄密、保大局。另外，在禹树声弃吕世奎投奔张宗民时，唐行一在充分调查后做出精准预判，待到禹树声放松心态，将情报和盘托出后，唐行一要求行使权力，果断部署，枪毙了禹树声。而真实情况是：唐行一了解到来降的禹树声已被列入军统暗杀名单，为避免张宗民日后麻烦，他杀掉禹树声替张宗民背下杀降的恶名。这一处理方式体现了唐行一深谋远虑、逻辑缜密，打破了一般智者的儒雅温润形象，凸显了他成大事者的狠辣果决、杀伐决断的一面；是大局不顾细节、大行不顾细谨、大礼不辞小让，而不能只有妇人之仁而无大局意识，塑造一个刚柔并济的人物形象。

无论是与小说中其他人物相比，还是与所有智慧型人才相比，唐行一都有其与众不同之处：一是激流勇进后，功成身退。唐行一虽抗日多年，但他懂得鸟倦归林、兔疲归窟、狐死首丘的道理，因此抗日胜利后，他抛下功名，回老家安身立命。他经历了大富大贵，也经历了重归于贫穷，心胸阔达，世事洞明。二是结局神秘而朦胧。唐行一在易县开了诊所，但经常作为游医四处游历。他的拜访者往往"君问归期未有期"，"只在此山中，云深不知处"。他的淡然远行颇为潇洒，是看透世间百态的豁达和超然物外，是以往作品中少见的入世和出世的和谐统一的人物形象。

（四）神秘人物乌有道长

乌有道长是小说中最为神秘的一个人物，神龙见首不见尾，其名"乌有"也颇具玄妙之意。他是一个小角色，但却是不可或缺的一位。

1.警告龙成立

在大雾弥漫的黑夜，乌有道长突然现身，警告龙成立，国难当头，切莫走错了路，并指出龙成立此次保定之行的真正目的。这无疑增强了小说的神秘性，这个人到底是谁？如何知道整个事件的细节？黑夜雾气中突然出现的身影使气氛变得非常恐怖。龙成立这个双面间谍暴露，也影响了事件后续的发展。这一部分主要突出了乌有道长的神秘，烘托渲染了当时黑暗诡秘的自然环境和疑云密布、错综复杂的政治背景。

2.秘密约请梅三娘

乌有道长悄然现身，告知梅三娘大慈阁的国宝青铜鼎有可能被日本人抢走，也有可能被国民党毁掉。乌有道长深知梅三娘豪侠仗义，于是相约共同保护国宝。他将鼎运出，并请梅三娘妥善保管，等到和平时，再归还大慈阁。乌有道长识人明事，认为此举非梅三娘莫属。他办事谨慎周到，告诉梅三娘隔墙有耳，尤其嘱咐她不可告知第三人，包括赵元初，这说明他明了梅三娘与赵元初的关系，懂得"三人者不能守密"的信条。乌有道长身为出世之人，却有着积极的入世情怀。从保护文物这一情节，可见他有天下兴亡匹夫有责的责任感和使命感，忠诚国家并为此殚精竭虑。

3.出面请龙成立放掉马凯旋

乌有道长惊现龙成立家中，无人知道他是如何进来，可见他行踪诡秘，功夫了得。他不仅对马凯旋被抓的情况了如指掌，而且对当年龙成立拉拢马凯旋的情况也了然于胸。一个超然红尘中人的消息如此灵通，让龙成立坐立不安。他告诉龙成立日本人已是强弩之末，警告他为自己留条后路。此举让他成功击中龙成立的矛盾内心，一方面，他顾忌神秘恐怖的乌有道长，另一方面，基于和马凯旋的同学情谊，放走马凯旋。乌有道长对马凯旋性格的判断也非常准确，深知世间事多由心性而定，暗示了自己和马凯旋的特殊关系。

乌有道长虽为小说中出场次数不多的人物，但他起的作用却不容小觑。他超脱红尘、道骨仙风、洞察世事、身份神秘，极富传奇色彩。他为抗日辛苦奔波、辗转人事、多方联络，极具入世情怀和责任担当，是传奇与现实的完美结合。关键时刻，人物关系陷入僵局或人物命运迷茫困顿时，总有这个神秘人物出现，既增强了小说的悬念、悬疑色彩，也在叙事上产生柳暗花明的效果，快节奏地推动了情节发展。

谈歌在"大舞台"上辗转腾挪，小说中的众多人物在人生和历史的"大舞台"上一一亮相，都令人印象深刻，都是人物画廊中不可或缺的、独特的"这一个"。

二、伏笔和蓄势

叙事，简而言之，就是讲故事。浦安迪曾在《中国叙事学》中说："'讲故事'是叙事这种文化活动的一个核心功能。"[1]《大舞台》所讲故事，时间跨度长、历史背景复杂、涉及人物众多、线索纷繁，因此如何讲故事，如何有效地组织材料、安排结构、推动情节发展，都需要高超的叙事技巧。谈歌非常重视叙事的技巧和方法，

[1] 浦安迪.中国叙事学[M].第2版.北京：北京大学出版社，2018:17.

力争将故事讲得跌宕起伏、充满悬念，吸引读者津津有味地看下去。为此，谈歌从传统小说中汲取了很多经验，比如伏笔、蓄势等。这两种叙事技法巧妙运用，使《大舞台》的叙事效果事半功倍，一方面这是谈歌特别擅长的叙事方法，另一方面也与小说的题材内容密切相关。因为《大舞台》是一部谍战小说，伏笔和蓄势更容易制造悬念，能产生令人惊奇和出人意料的效果。

（一）伏笔

1.伏笔的内涵

伏笔，是前文为后文预先埋下的线索或暗示，类似伏线，或说为使后文的发展顺理成章，所作的某种暗示或铺垫。埋设伏笔是布局谋篇的重要手段。其中，伏笔最常见的形态是"草蛇灰线"。金圣叹在总结《水浒传》的文法时说："有草蛇灰线法。如景阳冈勤叙许多哨棒字，紫石街写若干'帘子'字等是也。骤看之，有如无物；及至细搜寻，其中便有一条线索，拽之通体俱动。"[1]

"草蛇灰线"是中国古典小说常用的技法，即在文中多次出现某个意象来象征某种意义，或是用于暗示下文将要发生的事情。

2.《大舞台》中的经典伏笔

涉及众多的人和事的小说，时间跨度较长，这些人和事无法同时出现，必定有先有后，后出现的人或事如果在前文毫无暗示，后文出现就会显得突兀，甚至不合情理。《大舞台》中有许多精彩的伏笔，下面择取几处赏析。

（1）徐飞扬回避与穆柏枫话别

张宗民被山口一郎羁押在宪兵队。徐飞扬为张宗民出谋划策、巧妙解救他虎口脱险。神机妙算的徐飞扬功成身退之前，悄悄与赵

---

[1] 陈果安. 论金圣叹的小说理论体系 [J]. 湖南师范大学社会科学学报，1999(1):62.

元初、唐行一把酒话别，之后潇洒出城。在境遇如此危急的情况下，徐飞扬竟然特意嘱咐二人，不可对穆柏枫提及此事及自己的行踪。这里看似无足轻重，实际上是徐飞扬对大名鼎鼎、忠贞不渝、刚毅耿直的穆柏枫的真实身份有所怀疑。小说结局部分，爆料最大内幕，保定最大的汉奸居然是穆柏枫，他即是代号"掌柜"的顶级特工。此时，读者会发现前文是伏笔，用来体现徐飞扬的大智慧，以及他对人物及世事的洞察和警觉。徐飞扬最后壮烈牺牲。作者用伏线千里的手法，进一步丰富了人物形象，这其实是一种强化和再现记忆的手段。目的是，让读者对徐飞扬有进一步的感喟和敬意。

（2）徐飞扬巧藏炸药

徐飞扬请赵元初为其准备几百斤炸药，请唐行一代为运送到安全隐蔽之地。至于为什么要这些炸药，徐飞扬仅用"闲时置下忙时用"解释，这也体现了徐飞扬战略家的眼光和未雨绸缪。最后，徐飞扬以自己为饵，将敌人引到提前埋藏好炸药的地方，以一种蔑视和无畏的姿态，从容拉响导火索，与大批日军同归于尽。这种伏笔安排，既凸显了徐飞扬的谋略，彰显了魅力，又是最符合他身份、最能体现他风骨的死亡方式。他儒雅中带着血性，慷慨悲壮中带着潇洒和从容，是那个时代最具个性、最富魅力的文韬武略型人才。

（3）唐行一小树林设伏兵

唐行一作为邱振江的亲信和参谋，赶赴遂城处理祁连城准备反水投敌的问题。途中，他经过一处小树林并特意留下四个士兵。这个细节，给读者留下蛛丝马迹，并引发猜疑：军情紧急，他在树林里干什么，为什么要留下四个人，定有玄机。但至于什么玄机，此处不得而知，反而被其吸引，希望能在下文中找到答案，因此具有引人入胜的作用。到后文，才解开其中之谜。原来祁连城是邱司令的表弟，他准备投靠汉奸，这是一个棘手的问题。唐行一要考虑到多方面的关系，一是祁连城与邱司令的个人感情和亲戚关系，二是毕竟没有实际兵变，祁连城罪不至死。出于善良和人性化考虑，唐行一要考验祁连城，实际也是给他一个机会。唐行一借口有人告祁连城吃空饷，要带他回去向邱司令当面解释。唐行一带他来到小树林，如实相告，劝祁连城离开。此时，唐行一考虑到如果他悬崖勒马，认识错误并自愿放弃，便放他远走高飞。结果祁连城举枪试图击毙唐行一灭口，此时伏兵出现，祁连城被击毙，与前面小树林的伏笔对接成功。这一伏笔突出了唐行一的谋略和周密部署，其有情有义的形象更为丰满。

（二）蓄势

蓄势也是一种兴波技巧，突出一个"蓄"字，有层层积累、推波助澜之意。在小说叙事中，一般是先写顺势的直线发展，故事似乎要按照这一发展趋势结束，但当顺势发展到关键之处，却突然来一个大转折，掀起高潮，以完全出乎意料的方式终篇。蓄势法与顺逆法有相似之处，文似看山不喜平。一般小说的情节一波三折、曲折有致。作者经常会运用顺逆法，即把顺势和逆势交替错落地加以安排，使故事情节一波未平、一波又起。相比较而言，蓄势法则是先写一个又一个顺势，最后来一个逆转，而逆转结果往往是故事最高潮或最惊艳之处。

1. 蓄势与突转结合

蓄势法成功的关键在于，前面的"势"要蓄得足，后面的突转要来得有力而别致。"突转"是蓄势的目或要达到的效果。"突转"一词，最早由亚里士多德在《诗学》中提出，是一个戏剧的结构技巧。"突转，指剧情在其发展过程中出现的重大转折，即情势向相反的方向转变或是行动的发展从一个方向转至相反的方向，而且此种转变必须符合可然或必然的原则。"[1]

"突转就是有意地制造情节前后的不融洽，拉开情节前后发展的距离，使故事竭力渲染的情境和结局形成强烈的反差的一种叙事手法，造成读者心理从'山穷水复疑无路'到'柳暗花明又一村'的奇效体验。"[2]崔志远在探讨邓友梅小说"U"型结构时，提出了最好的突转是伴随着"发现"，他认为"突转在于既出人意料又入情入理，这便需要进行'暗渡'，即"突转"与"暗渡"照应和互补，"用暗渡创造出跳跃中的吻接，使'突转'突然而不突兀，精警而不生涩"。可见，蓄势要达成突转，之前要有必要的细节、暗示，要对情节空白进行有效的填充。

2.注重"显"与"隐"之间的平衡

蓄势要达到较好的效果，就要处理好"显"与"隐"的关系。钟雨辰在其论文《突转艺术及其教学研究》中提到"以蓄为曲"的观点："我国古典文论一向有'藏'与'露'之说，主张用以'藏'代'露'，'虚'中见'实'的方法，达到委婉曲折的写作目的。"[3]该论文以《三国演义》中的经典情节"诸葛亮出山"为例，探讨了蓄势中如何避实就虚、如何借他人之口侧面烘托、如何层层设置悬念引读者猜测等，用含而不露的笔法层层营造神秘之感，造成情节的波澜曲折，从而引发读者迫切地想要破解悬念的欲望，进而体会到"曲笔"的趣味性。这个说法非常中肯。

蓄势要达到最后的突转和爆发，但过程中又不可过早"泄密"，

[1] 亚里士多德.诗学[M].北京：商务印书馆，1996:89.
[2] 钟雨辰.突转艺术及其教学研究[D].南京：南京师范大学，2017:5.
[3] 钟雨辰.突转艺术及其教学研究[D].南京：南京师范大学，2017:32.

还得留下必要的"诱饵"或蛛丝马迹。否则,读者会忽视或失去参
与的兴趣。因此,蓄势必须在"显"与"隐"之间取得平衡。作者
往往在细微处或不经意间写一句看似可有可无或令人疑惑的话,设
置伏笔,然后层层叠加。也就是说,在蓄势过程中故意"误导"读
者。"误导,是从作者和读者的关系这一角度而言的。作者要么故
意诱导读者对故事情节做出错误的推理,要么诱导读者先对故事中
的人物产生一定认识,然后再反转,达到恍然大悟或喜出望外的效
果。"[1]

3. 蓄势与伏笔密不可分

蓄势往往与伏笔搭配使用,没有充分的伏笔,蓄势很难达到
一定的高度。没有高度就没有张力,后面的突转效果也往往难以达
到。因此,小说要巧妙构思,要提前设局,无论是情节的突转,还
是人物行动、心理的突转,都有一个类似"预热"的过程,绝非突
然,而是有痕可寻。比如,作者常常会创造一个特殊的条件,埋下
伏笔,而这个伏笔可能是一个"破案"的线索,对之后的突转先行
做了暗示。

(三)伏笔与蓄势结合的精彩表现

谈歌在《大舞台》和白玉堂系列小说中,设置了很多伏笔。这
些伏笔往往使读者获得短暂的"蒙蔽"或虽有注意但未参透全貌,
直到意想不到的结局出现,才恍然明白作者在结构安排上的匠心巧
思,既合情合理、顺理成章,又增强了小说的内在逻辑性。"在读
者方面,伏笔的设置也可以考验读者的智力。阅读经验丰富且细心
的读者往往会关注作者精心铺设的'闲笔',并积极思考故事发展

[1] 钟雨辰. 突转艺术及其教学研究 [D]. 南京:南京师范大学,2017:7.

的走向，在阅读中获得一种侦察的快感。"[1]因此，在篇幅长如《大舞台》这样的小说中，思考如何运用伏笔和蓄势有效吸引读者兴趣，维持其阅读的耐心，并让其获得探案似的好奇心，尤为必要。下面结合具体情节赏析《大舞台》中蓄势和伏笔的精彩运用。

1. "双喜临门"的情节

《大舞台》中，规模最大、线索最长的一处伏笔是小说开篇部分。魔术大师赵旺才主持完弟子丛骏、陈玉英的婚礼，并将光绪帝亲赐的"神州神彩"匾额传给他们，之后他冒雨进城，回来后大醉，高喊"双喜临门"。此时，大家都被"误导"，以为"双喜"是大师兄丛骏结婚和当了丛家班继承人。而后文的事实却大大出人意料，就是所谓的"突转"。原来所谓的"双喜临门"另有含义，是指"丛骏、陈玉英"和"丛山、陈玉琴"两对新人的婚礼。"双喜临门"是一处精妙的伏笔，即使被读者发现破绽，也只是略有猜疑：高兴庆祝要喝酒，为什么一定要到城里而且还冒雨前往。事情可能并非如此简单，但读者也只能暂时将猜疑搁置一边。及至后文，梅三娘辛苦寻找并探望丛骏夫妇，但他们的态度却非常冷淡，甚至对亲生孩子也无动于衷。这不禁让读者再次思忖：丛骏夫妇身上发生了什么？这个思考又被接下来的故事打断。

迷局最后由梅三娘勘破，体现了她过人的智慧和深刻的洞察力。这处伏笔和蓄势的结合很好地塑造了梅三娘这个人物形象，体现了小说的结构安排。通过这处伏笔一步步引出更多的重要人物、一步步揭示种种内幕，它串联了多方面的复杂关系。一是方千明和丛骏；二是丛骏、陈玉英与他们各自的孪生兄妹丛山、陈玉琴；三是许敬豪和假"丛骏、陈玉英"；四是李天曼与土肥原贤二；五是

---

[1] 钟雨辰. 突转艺术及其教学研究 [D]. 南京：南京师范大学，2017:12.

李天曼与方千明；六是方千明与梅三娘。这处伏笔引发了一系列"发现"：赵旺才收了一对孪生兄弟和一对孪生姐妹为徒，并将他们结为夫妇，以此来维持赵家班的看家魔术——"大变活人"；而同门和亲人之间因为利益反目，丛山和陈玉琴不甘永在"暗处"、为他人作嫁衣，为利不惜出卖亲人。最终，梅三娘通过出现的"僵尸"识破丛山、陈玉琴的真实身份。

2. "钱如雪之死"的情节

钱如雪是《大舞台》中最有个性的女艺人，是河北梆子大师。最初的钱如雪骄傲、霸气，仗着精湛的戏曲艺术和资历，屡屡和声名鹊起的付浩声针锋相对，意在排挤付浩声并确立自己在河北梆子界的绝对地位。为此，小说层层蓄势，将钱如雪对付浩声的敌意步步加强，不断升级，塑造了一个美艳动人、霸道强势、艺术胜于艺德的人物形象。但关键时刻，却出现了情节的突转：钱如雪找到处于困顿危急状况中的付浩声，并将自己辛苦所挣的金钱倾囊相授。一向讲究享受、不顾外界流言蜚语的钱如雪，霸气回应日本人，并悲壮牺牲。这看起来似乎与之前的形象不符。但实际上，小说在蓄势的过程中，已埋下多处伏笔。如钱如雪与付浩声作对的前提是，钱如雪是大角色、明星级人物，拥有绝对实力并一路春风得意。她对突然蹿红的付浩声略有羡慕嫉妒，也合情理。她只是想调理一下付浩声，没想到付浩声性格如此倔强，当场还击，这才激起钱如雪的针锋相对，因为钱如雪性格中也有好斗和不服输。这处伏笔不仅能够解释钱如雪与付浩声最初的关系，还会让读者生出想象：这样的女人是不可被驯服、不可被压迫的，并由此认为，她后来在日本人面前的刚性反抗也就不足为奇。

在与华侨山相处的过程中，钱如雪个人生活自由不羁、风流放荡，但实际是特别注重人格尊严的纯洁之人。钱如雪陪华侨山为方千明的杂戏社捧场，没想遇到日本人，她直接皱眉，怒斥方千明吃错药了，不顾廉耻与日本人勾打连环。她对华侨山的敷衍态度不能苟同，并公开宣布："华哥能委曲求全，妹子我可是眼里不揉沙子呢！"这段语言描写充分表现了钱如雪耿直果敢、我行我素、决不敷衍献媚的性格，对她看不起的人，她决不客气也不给面子。在她看来，气节和尊严是第一要义。演戏的要义，不仅是展现技艺和艺术，更在于宣扬忠孝节义。她演绎英雄也崇尚英雄。当听到付浩声为向日本人抗议不惜倾家荡产，她甚为钦佩；当听到颜若兰一个普通弱女子，为了维护丈夫名节，不惜霸气砸毁巨砚，打破日本人侵占巨砚的幻想时，更是敬慕，这才有了后文中的赤诚相赠。钱如雪这样的巾帼不让须眉的英雄，宁死不和日本人合作，死也必然如英雄那样悲壮。

3. "奚月明与巨砚"的情节

对制砚大师奚月明形象的塑造和巨砚内藏炸药爆炸的结局，《大舞台》也设有精彩的伏笔和蓄势。关于奚月明是否附逆日本、甘当汉奸这一问题，作者作了适当的"误导"。

在付浩声之妻颜若兰砸毁巨砚之后，山口一郎不甘心，又花一万大洋重金请奚月明再制造一块"八仙过海图"的巨型观赏砚。期间，奚月明对联络人并不友好，而且还有些许讽刺，这实际是作者故意留下的蛛丝马迹。此时，读者会认为奚月明是个有骨气、抗日的"不合作者"。但很快，奚月明却欣然接受邀请，并亲自赴易县采办石料，这一幕打破了之前的印象，制造了一个小的突变。读者又被作者引导，认为奚月明原来是贪婪、唯利是图、放弃名节的人。而奚月明对两个徒弟的一席话——"咱们是手艺人，无论给谁干活儿，哪怕主家是混蛋王八蛋，咱们也得认真干，不能丢了手艺"，似乎又给人以希望，奚月明可能另有苦衷。接下来，作者又放烟幕弹，直接插入感叹和议论："你缺钱吗？就算你缺钱，你也不能缺德呀！"作者直接"出面"，似乎又坐实了奚月明的汉奸形象，这又是一个小的反差。就是这样，作者层层制造悬念，到底奚月明是一个什么样的人，暂时不得而知。

到故事的结局，我们才知道奚月明用他的能工巧思、虚与委蛇，在巨砚里安装了足量的炸药。山口一郎将此作为礼物献给天皇。按照这个逻辑，日本天皇必定在劫难逃。小说层层蓄势至此，结局却出现一个巨大的突转：日本天皇没死，山口一郎却被炸死了。究其原因，小说也有伏笔：山口一郎酷爱中国文化，喜欢在人前卖弄，于是在礼物送出之前，他先行试用了一下，结果触动机关而丧命。这样，奚氏易水砚这条线索，经过伏笔、蓄势、造成反差、制造悬念、烘托氛围，最终情节反转。一块巨砚差点改变历史走向，令人不胜感叹。

蓄势和伏笔的结合，使情节一波三折，让读者的情绪也随之起伏涨落。最后情节突转，或许大大出乎读者意料。但回过头看，时时有迹可循、严丝合缝、入情入理，小说在情节推进和结构安排上张弛有度，既吊起读者怀疑、引出读者期待，又不断打破期待，读起来酣畅淋漓。

三、纪实性

（一）纪实性的内涵

纪实的"纪"，通"记"，"纪实"大意就是记述真实情况。古今的许多文献中都提及过纪实性，比如宋代王辟之的《渑水燕谈录·名臣》和清代王应奎的《柳南随笔》卷一中，都有对其他人诗文中的句子进行赏析，然后提出"盖纪实也"的判断。闻一多也在其文章《文学的历史动向》中提出了"不是教诲的寓言，就是纪实的历史"的看法。另外，纪实还可以指对事情或事件所作的现场报道。与纪实相关的艺术形式，有纪录片、纪实摄影、纪实性电视剧和电影等，当然还有纪实文学。

关于纪实文学的定义虽有不同，但一般都强调真实性，以现实生活或历史中的真实人物和真实事件为基础。对纪实文学的定义，李辉曾表述为："纪实文学，是指借助个人体验方式（亲历、采访等）或使用历史文献（日记、书信、档案、新闻报道等），以非虚构方式反映现实生活或历史中的真实人物与真实事件的文学作品，其中包括报告文学、历史纪实、回忆录、传记等多种文体。"谈歌进行创作注重以真人真事为基础，具有鲜明的纪实性，这不是说他的小说和报告文学、回忆录、传记、历史纪实一样，也可以称为纪实文学；而是说他的小说更侧重指一种纪实的感觉、一种艺术追求、一种格调，能展现真实自然的生活，再现历史的真实场景。

（二）纪实性的达成

谈歌的小说营构了一种扑面而来的真实感，一种让人觉得真实可信、确有其事的氛围。他不刻意追求每个事件和人物的真实性，但根据可然律和必然律将这些事件和人物联合和衔接起来，能展现真实自然的生活，还原再现历史的真实场景，为此，谈歌当然要采用一些技术手段，在真真假假、虚实相生中，最大限度地展现人物、事件、场景的真实性、可信性，最大限度满足了人们"了解真相"的求知心理。《家园笔记》《票儿》《大舞台》等历史题材的小说，都纪实性十足。在这里，以《大舞台》为例来探讨谈歌小说的纪实性。

1. 真实的历史记录

谈歌小说的纪实性，首先来源于小说中大量出现和描写历史真实，而且细节准确严谨。小说中有大量真实的人文地理、历史人物、历史事件、时代背景。如小说开篇写道："民国二十六年 (1937年) 二月十六日。星期二。农历正月初六。位于东经 115.21 度，北纬 38.45 度的保定城，天色阴蒙，一派朦胧雪象。浓郁杂陈的年味儿意犹未尽，恋恋不舍地在街头巷尾流连荡漾。密集的鞭炮声逐渐稀落下来，却仍然此起彼落不绝于耳。"这段叙述非常详尽而且准确地写出了故事发生的时间、地点等。"民国"一词营造了历史感，有对保定地理位置的科学表述。我曾经好奇地查了一下万年历，结果是，不仅那天的阴历和阳历与历史吻合，就连星期二也是准确的。

与这段叙述类似的，还有对保定历史地位的梳理。"1949 年 8 月 1 日，建立河北省，保定为省会城市。"小说对保定的历史地位及之后的发展变迁，都进行了客观详实地记录。不仅如此，还对保定街道做了详细介绍，对其整体面貌、命名、历史沿革、商业特色等都有客观如实地描述。文中，先用"旧时保定城街路不分"来概括保定街道的特点，之后重点还原历史面貌，这有助于打消读者心中的疑虑和由此产生的望文生义。比如"官道大街"，不知情者或许以为这是一条几车道的宽阔大街，其实就是一条狭窄胡同，普通马车都进不去。之后重点讲"西大街"。西大街自宋代淳化年间建成，历史悠久，因千年繁华不衰，集衙署、学府、祠堂、金融、民居于一体，故有"北方名街"之称。这里不仅是商业闹市，还蕴含丰富的文化。尤其讲到街中商铺牌匾大有来头，很多由方观承、李鸿章等名人题写。改革开放后，保定街道统一规范为"南北为街、东西为路"。但鉴于西大街与东大街历史悠久，故沿袭不变，可见其独特的历史地位。

除了写街道，谈歌还浓墨重彩地写了许多老保定的历史文化风俗和文化景观，如总督署、大旗杆、大慈阁、火神庙、大舞台、莲花池、保定军校等，甚至写到了老保定有名的面馆、驴肉火烧店等。这些会引导读者按照小说中的描绘对保定历史景观按图索骥去"打卡"，重温历史、发现保定，有一种"文学地理学"的味道。

2.援引史料、参阅文献

《大舞台》的纪实性与谈歌援引了许多史料、参阅了诸多文献有关。小说成功代入了作者的创作行为和真实的创作状态，突出了叙述过程中所用材料的真实性。谈歌在小说后记部分专门列出了参阅的诸多资料，并进行了编目。编目如下：

《保定市志》（保定市地方志编纂委员会编）

《保定军校风云谱》（作者：任牧辛）

《保定陆军军官学校史研究》（作者：王新哲）

《保定杂戏的形成》（作者：石桥）

《保定往事》（保定民研会编著）

《保定的镇反运动》（保定方志办编辑）

《保定河北梆子逸事》（作者：苏晓阳）

《马凯旋其人其事》（作者：冯云田）

《保定风物志》（保定民研会编著）

《保定抗战史话》（保定文史办编著）

《梅氏魔术》（作者：贺文芳）

《梅天凤同志二三事》（作者：苑延平）

《梅三娘传奇》（作者：陈识）

《保定掌故》（保定方志办搜集整理）

《赵旺才与梅家班》（作者：程树之）

《付浩声的故事》（作者：石长青）

《河北杂戏二三事》（作者：岳惠民）

《中国风俗》（作者：胡朴安）

《菊坛旧闻录》（作者：丁秉燧）

《京剧的道白艺术》（作者：王新苹）

《保定往事》（保定文史办编著）

《中国戏曲史话》（作者：孙晶晶）

《保定抗战史话》（保定地方志办公室编）

《保定文史资料特辑》（保定地方志办公室编）

《易水砚台》（河北易水砚有限公司编）

《保定文史资料第三辑至二十七辑）》（保定政协办公室编）

《中共中央移驻西柏坡前后》（中共河北省委党史研究室编）

　　谈歌对这些文献标注了书名、作者和单位等主要信息，给人一种非常真实、非常严谨、类似学术研究的感觉。读者会认为这是一种实事求是的态度，从中看到谈歌为了使小说的历史感更强、更接近和还原真实的历史所做的努力。我相信这些材料、文献是谈歌重要题材或灵感的来源。

　　作为一个保定人，应该了解一些研究保定历史文化的专家和学者，比如谈歌文献中提到的作者任牧辛、石长青等，当他们的名字出现在小说中的时候，读者会肃然起敬，更会觉得亲切、真实，甚至脑补谈歌采访过他们的场景。实际上，小说还参考了其他很多书目，如《保定往事》《保定党史》《保定饮食史话》《清稗类钞》《保定抗日战争英雄谱》《保定人物》等等。这种大量参考和援引文献的做法并不仅仅用于《大舞台》，其他小说亦然。

3. 叙述技巧营造纪实感

纪实性效果的达成，除了上面提到的创作素材，更与谈歌的叙述技巧有关。谈歌小说很讲究"话术"，经常会用到的叙述话语，有"为此，谈歌查阅某某资料"、"谈歌参考其他版本的文献或传说，并对不同版本内容提出自己的看法"、"谈歌到某博物馆发现了某某证据"和"谈歌采访当年的亲历者及其后人"等等。

比如，梅三娘在上海和法国魔术师巴维克打擂台赛，双方通过对掷飞碟决定胜负。关于这一情节，谈歌在小说正文相应位置插入方括号，方括号中的内容即是叙述自己的创作准备："为写好此情节，专门查阅了当年的上海《申报》，从其中的《图画周刊》上，发现了几张巴维克的舞台剧照。他个头儿不高，大腹便便，身材臃肿。难以想象，如此一个'方块儿'型的胖子，怎么会是一个手段高超的魔术师呢？"叙述者向读者敞开心扉，叙述了当时的创作心理。这属于典型的求证。为了情节的准确性专门作了调查研究，找到当年报纸上的影像作证，材料的来源、日期等信息都非常翔实，还把自己读到该史料时的猜测和感想写得生动细腻、入情入理，由此达到了史上确有其人、确有其事，且作者也确有求证之举的真实效果。

写到萧家广、虞世通、马凯旋、曹正汉、梅天凤五人在同和轩饭店结拜的情节。关于结拜到底是五个人还是六个人，其中有没有葛云梁等问题，作者用方括号插入了叙述者谈歌对这个细节的处理：他先是查阅文献，分析了两个文献的不同之处；之后又结合其他人的资料对此进行分析和甄别。更重要的是，结合自己对当年亲历者的采访来叙述：谈歌 20 世纪 90 年代写作《家园笔记》一书，曾采访过曹正汉，谈到此事，曹老先生说……20 世纪"采访亲历者"本身就是一个严谨的考证行为，再加上《家园笔记》的确是谈歌 90 年代的名著，这就更容易让读者把叙述者谈歌和作者谈歌混为一谈，更觉谈歌的结论真实可信，且具有权威性。

（三）纪实性对传奇性的消解

传奇性是小说可读性强的基础，能快速产生吸引读者、抓住读者兴趣的魅力，能让读者在阅读过程中产生享受、冲动等各种阅读快感；带入感强，能形成强大的"磁场效应"，让读者与小说中的人物一起经历非同寻常、跌宕起伏的人生，能够实现共情式的体验与共鸣。但谈歌又用纪实性适当地削弱了小说中的传奇性，《大舞台》就很好地融合了传奇性和纪实性，二者有效结合，达到了平衡、和谐、共生共享、相得益彰的效果。

1.传奇人物的繁华落寞

纪实性，在某种程度上使人物褪去传奇的色彩、接近现实人生，产生某种"祛魅"作用，既保留了小说的魅力又显得真实可信。如运筹帷幄、杀伐决断、地位与能力非凡的赵元初，作者设计了他的生理缺陷和尴尬婚姻，也安排了他经历大风大浪之后在小河沟里翻船的人之常情。他最终的死非常窝囊、憋屈、卑微，与以往得心应手、无所不能、所向披靡的高大神圣形象形成巨大反差。再如骁勇善战、刚直不阿、有勇有谋、倔强幽默的军人张宗民，也是马失前蹄，在关键时刻，被日军不声不响地抓了壮丁，毫无反抗的机会，给人一种触霉头、灰溜溜的感觉。自此，张宗民悄无声息地失踪若干年，之后侥幸回国，也是十分狼狈，及至结局，他已是丧失记忆、需要人照顾的衰弱老人。读到这里，完全打破了我们曾经有过的"神化"思维。

纪实性的加入，使得传奇性的繁华落寞，弱化了其虚幻、浪漫的效果。如果说传奇性展示的是"人生之巅"或"人间理想"，那么纪实性则会展示"人生低谷"、提示"现实真相"。纪实性与传奇性相结合，充分展示一波三折、跌宕起伏的人物命运，能让读者感受历史的大气、时代的慷慨悲壮，同时获得感性与理性的双重享受。

2. 对历史的深刻感喟

谈歌对庄严的历史有深刻的崇拜感，但同时也有茫然无措、往昔不再的感喟，他在小说中表达了这种伤感情调。《大舞台》中最集中的两处感喟，是对历史遗址将军坟和大舞台而发的。

小说讲到邱振江司令牺牲后，张宗民厚葬邱司令并举办了隆重的葬礼。张宗民此举，一方面是他性格厚道使然，另一方面也是为了表达军人之间的敬意。因邱振江的功绩、威望，他的墓地被当地人称为"将军坟"。小说插入叙述者赴此地访古，"但见满山遍野绿肥红瘦，邱振江的坟墓已无处可寻。虽说往事并不如烟，但尴尬的现实……往事确是如烟呢"。这一段话用纪实的笔法写出了世事无常，更表达了作者对历史遗址无处凭吊、无处追寻的无奈和感慨。

此外，小说还用很大的篇幅插入叙述了老保定"大舞台"的前世今生和角色变换。大舞台最早为水社，经过不断变迁，名称不断更迭，职能也发生变化：大舞台影剧院、戏院、剧场，以跳舞为主的大舞台乐园。到20世纪初，完全改制，彻底改变经营项目，变为"小肥羊"餐厅。接着插入："那年，时任天津作家协会主席的蒋子龙先生路经保定，谈歌尽地主之谊，请蒋子龙老师去大舞台品尝一次。蒋老师吃过之后，皱眉质疑：'你告诉我，大舞台与小肥羊是什么关系呢？'谈歌一时语塞。唉，一句半句怎么说得清呢！"谈歌用插入语的形式，借别人之口来表达对历史的感慨，在叙述上显得合情合理、从容自由，有效地表达了大舞台这个有历史纪念意义的处所在时代变迁中，已经完全没有了最初的模样的感慨。这使得小说的风格不再是单纯的慷慨阳刚和雄浑悲壮，而多了些许沧桑感、细腻多情和感伤主义。

3. 反对浪漫主义的虚构

谢有顺讲过："小说是活着的历史。当我们在探究、回忆、追溯一段历史的时候，历史学家告诉我们的历史，往往是规律、事实和证据，但那一段历史当中的人以及人的生活往往是缺席的。小说的存在其实是为了保存历史中最生动、最有血肉的那段生活，以及生活中的细节。"[1] 谈歌的小说追求和注重细节的真实性和严谨性，绝无随意编排、任性虚构，具有鲜明的现实针对性。他有意识地还原历史，同时将历史与现实进行对比，以古讽今，打破浪漫主义的虚构。

《大舞台》中还有很多看似不高明的做法，但事实就是如此，而不得不如此叙述的情节。如谈歌对魔术大师许敬豪和耿直文人马长江之死的纪实性处理。许敬豪拒不与日本人合作，他本想死在日本宪兵队，给师傅挣个脸面，洗雪方千明和"从骏、陈玉英"等带给师门的耻辱。但赵元初拼力将他从宪兵队救出，并劝他一定要离开保定。而他非但没有出城，反带着弟子公然在宪兵队门前摆摊儿变魔术，待到有许多人围观时，他破口大骂日本人和附逆的汉奸，然后一头撞向宪兵队院墙。许敬豪是主动上门挑衅、故意求死。对此，谈歌没有进行浪漫虚构，而是通过插入叙述表明了作者纪实的

[1] 谢有顺. 成为小说家 [M]. 太原：北岳文艺出版社，2018：5.

立场。或许不同人对于许敬豪死的方式和死得值不值，有不同意见。性格即命运、死法即性格，是谈歌塑造人物的根本依据。正是因为许敬豪的性格中有宁折不弯的血性，所以他绝不会以"青山绿水、来日方长"为自己开脱，他不逃离、不妥协，才有了这种毅然赴死的行为。这种做法看似冲动、无意义，实则是性格导致的命运的必然。

第八章

悬疑推理小说

第一节　悬疑推理小说概述

谈歌在当代文坛占有独特的位置，在于他在小说领域的重要探索。正如有的评论者所说的，他有好几种路数、好几种笔法，其中悬疑推理小说的创作就是一个很重要的贡献。

一、悬疑推理小说的内涵

目前，学术界对悬疑小说的概念尚无一个明确的、标准统一的界定，但基本与"悬"和"疑"密切相关，由"悬"和"疑"两方面的内涵决定，"悬"指悬念，"疑"是疑问。"悬念"在《现代汉语词典》中解释为："欣赏戏剧、电影或其他文艺作品时产生的一种心理活动，即关切故事发展和人物命运的紧张心情。"在朱立元主编的《美学大词典》中，"悬念"被认为是，通过有意制造未知细节，来激发欣赏者的紧张情绪和兴趣。由此可以看出，"悬念"是读者在阅读过程中，因作者设置未知细节和有疑问的情节所产生的一种有强烈共鸣、高度紧张、好奇，甚至怀疑的心态。

（一）悬疑推理小说的由来

悬疑往往与悬念相连，这也是为什么经常会出现观众把带悬念的小说误认为悬疑小说的原因。简单说，并非所有有悬念的小说都可以叫悬疑小说，而必须有"疑问""疑惑""怀疑"等情绪渗入。悬疑小说的内容，往往是一个或几个悬而未决的难题。悬念作为小说的中心，是推动情节发展的内驱力。"悬念终将水落石出，它注重的是过程。层层悬念构成了复杂、曲折的情节，层层破解，构成了惊险、生动的传奇。"[1]而有结必有解，有问必有答，在这个过程中，推理就显得尤为必要。《现代汉语词典（第7版）》中，推理的定义是："逻辑学指思维的基本形式之一，是由一个或几个已知的判断（前提）推出新判断（结论）的过程，有直接推理、间接推理等。"推理小说是以推理方式解开故事谜题的一种小说，通常故事之谜都含有凶杀案与侦探，也有部分并非以凶杀为主要剧情走向，诸如找寻失物或解开奇异事件的谜底等。

谈歌的悬疑推理小说对于恐怖、血腥场景的描写并不泛滥，即使出现，也是谨慎、克制的，为的就是避免读者过于关注恐怖本身而遗忘了作品推理的特色和魅力。推理是悬疑推理小说不可忽视的一环，预先设置的悬念一定要得到解答。推理过程的严密性和合理性，则是判断一部悬疑推理小说是否合格、是否经典的重要标准。

（二）悬疑推理小说的类型

关于推理小说的类型，杨晓林的博士论文《当代大陆悬疑小说研究》和朱全定、汤哲声编写的评论集《当代中国悬疑小说论》都根据表现手法，将中国悬疑推理小说分为现实型和超自然型。朱全定和汤哲声认为，现实型悬疑作品偏重推理分析，没有用过多笔墨去渲染恐怖诡异的气氛，而是把离奇的事件作为推进剂来推动故事发展，引发读者的好奇心理。缜密、逻辑性强的分析，是这类小说的主要特征。此外，还有超自然、心理、恐怖悬疑推理，以及其他

[1] 汤哲声，李为小. 中国悬疑小说年选 [M]. 南京：江苏文艺出版社，2007.

玄幻性和多彩性并存的悬疑推理等诸多的分类。

谈歌的悬疑推理小说基本是现实型，具体说，就是符合当年历史情况和实际的现实型。他的悬疑推理小说是相当严肃的。迄今为止，他已经创作了以白玉堂为核心人物的系列悬疑推理小说，包括《黑天白日：重说锦毛义士白玉堂》《白玉堂：逍遥楼》《白玉堂：血黄金》《白玉堂：局外局》《白玉堂：案中案》《白玉堂：曲之杀》《血弥途》等七部。这些悬疑推理小说自诞生就拥有一批数量大且稳定的读者。他们随着作品中主人公和敌对势力的博弈，从一个个谜团中抽丝剥茧，得到了破解秘密的快感，并从中对人性有了更深入的认识。谈歌的这些小说，是"通过推理和破案来塑造形象、推动情节、构成故事框架的小说"[1]。

二、以白玉堂为核心人物的悬疑推理小说

关于为什么写"白玉堂"这一问题，笔者认为：一则，谈歌是勇于创新、从不故步自封的作家。20世纪90年代中期到新世纪初，谈歌主要写工厂、工人和国有企业改革等当时的大事件、热点题材和焦点问题，几乎涉及当时社会的方方面面。谈歌因此获得了极高的知名度，引起了广泛关注。这时候他反而离开现实，回望历史，写历史故事。我们不得不说，谈歌是明智的，他不想在已有成绩的基础上重复同类型的创作，他要寻求创新和突破，他是有勇气的。二则，他不是盲目的，他有他的自信。谈歌曾坦言："我喜欢通俗文学。"[2]他认为，通俗小说的可读性非常强，而且受众更广泛。他从来不讳言他的小说是通俗的，也不否认自己的创作追求通俗化和

---

[1] 王怡楠.推理小说的审美特征研究 [D].山东大学，2016:14.

[2] 谈歌.黑天白日：重说锦毛义士白玉堂 [M].北京：中国文学出版社，1999：275.

大众化。他非常重视读者，也在叙事技巧上注重读者的参与。他强调小说一定要讲故事，小说不能抛弃故事。

基于这种理念，谈歌坚定地从"现实主义冲击波"中急流勇退，转向通俗，转向写古代人物，并对其进行新的演绎。他从中国古典长篇侠义公案小说的经典之作《三侠五义》中取材，把《三侠五义》的主要人物——包括白玉堂在内的侠士群体设定为该系列小说的主要角色，但是重点突出白玉堂和以白玉堂为核心人物。谈歌在《黑天白日：重说锦毛义士白玉堂》后记中写道："白玉堂在书中不是武功最高，但他的性格极为鲜明。"由此可见，白玉堂在作者心目中的特殊地位。

作为河北作家，谈歌从小接受燕赵文化精神的浸润和熏陶，深受急公好义、慷慨悲歌、不屈不挠的燕赵文化的浸染，养成了耿直豪爽、重情重义的性格，对古代的英雄、侠士心向往之。这样的文化性格，又恰巧与燕赵大地上曾出现的侠士形成了"遥远的精神上的共鸣"[1]。白玉堂就是与他产生精神共鸣的对象，是作者心中的理想型男性。而且，与当时社会中出现的某种现象相比，白玉堂身上有太多可以供现代人吸收、继承和发扬的品质。这样，就有了把白玉堂单独拿出来写一下的决定。当然，为了让故事更精彩、人物更鲜活，叙事更具吸引力，作者融入了新的写作技巧，即在传统公案、侠义小说基础上，融入悬疑和推理，使故事情节更加跌宕起伏、充满魅力。

---

[1] 邢丹丹. 谈歌文化小说论 [D]. 石家庄：河北师范大学，2008:7.

第二节 《黑天白日：重说锦毛义士白玉堂》解读

《黑天白日：重说锦毛义士白玉堂》是谈歌白玉堂系列推理小说的第一部。小说讲述的是南侠展昭被皇帝封为"御猫"，这让锦毛鼠白玉堂颇为嫉妒，因此进京欲找展昭比武的故事。小说开端，保留了《三侠五义》中的情节，但并未展开白玉堂与展昭的矛盾关系，而是设计了白玉堂被卷入谜团中，不得不辗转解谜的故事。所以，谈歌小说的核心不仅大范围改编了故事原貌，而且塑造了不一样的白玉堂形象，是典型的"故事新编"。

一、将主角变为陪衬

在《三侠五义》中，南侠展昭是一个重要的正面形象，武功高强、心胸宽广。因佩服清官包拯的为人，他数次救包拯于危难之中，并在心存感激、渴望人才的包拯的多次挽留下，他正式成为开封府的一名侍卫。后经包拯举荐，他深受皇帝赏识，被封为御前四品带刀侍卫，并赐绰号"御猫"。在谈歌笔下，小说更突出白玉堂的形象。展昭被适度降低，由主角变为次主角，主要为陪衬白玉堂。原本名望非凡、武功卓著的"南侠"成了因渎职而银铛入狱的禁军教头，这当然是被人陷害的，也成为白玉堂探案的一部分。展昭在监狱中度过了三年三个月零七天后，作为被利用的阴谋中的一枚棋子被释放。这里，他与包拯的渊源被谈歌一笔抹去，"御猫"之封号也不过是襄阳王在假冒皇上时，想拉拢武功高强的展昭为己所用才抛出的橄榄枝而已。

二、衍生新故事

小说中同样有锦毛鼠盗御宝、展昭只身孤闯陷空岛的故事情节，但这部分内容占比不多，且白玉堂进京后的故事走向也不尽相同。在《三侠五义》中，白玉堂心高气傲，无法容忍"御猫"压"五鼠"一头、因此与展昭一较高下，不过展昭心胸宽广，处处忍让，最终二人解除误会，成了一对惺惺相惜的侠义兄弟。而谈歌的故事显然没有这么简单，在展昭出狱、白玉堂进京之前，早已经部下了一张大网，浓郁的谜团、悬念围绕着他们。小说中最骇人听闻的情节——"三王被害"，并不是故事的结局，而是悬疑和推理的开端。白玉堂为了寻找事件真相，不断地接近谜底，终于解除了一场江山险些易主的重大危机。荒唐的是，这样一个惊天秘密却是由统治者，即皇帝与襄阳王之间的一个玩笑所致。

由此可见，除了"五鼠闹东京"这一经典情节外，作者并没有过多沿用《三侠五义》的故事，而是将所有人物关系与人物经历打乱，增加、删减和更换情节。尤其是以白玉堂为中心衍生出更多新的关系，如白玉堂和苗红儿、白玉堂和颜查散、白玉堂和襄阳王、白玉堂和包拯……最终展现出一个主角同名的新故事。这是谈歌基于自己的表达欲望，对历史传奇进行选择后的二次创作，与原作大相径庭，打破了读者心中原有的"白玉堂印象"，是一场自由的虚构。而白玉堂形象逐步丰满的过程，也是作者不断制造悬疑、白玉堂不断推理的过程。

三、重塑人物形象

除了对传奇故事重新进行讲述，在人物塑造方面，谈歌也有自己的独特思考。他对每一个人物形象都进行了更富有艺术性的润色，对故事情节进行了更加巧妙的设定。

（一）改变白玉堂赴京的动机

《三侠五义》中，白玉堂作为五鼠之一的锦毛鼠，针对的是展昭。他认为"御猫"这一绰号是对陷空岛"五鼠"的挑衅，而赴京动机则是找展昭比武，并挽回陷空岛的尊严。这里的白玉堂是相貌英俊、心高气傲、个性鲜活的年轻侠士，但过于偏激和莽撞，为名声所累。而在谈歌笔下，白玉堂的动机从主动变为被动，一张张来路不明的纸条接踵而至，试图挑战白玉堂，而白玉堂在察觉了其中的问题后，踏上寻找真相之旅。这样看似微小的变更，却是人物性格的巨大改变。此处的白玉堂仍旧保留着傲骨、侠义和尊严，仍旧重诺轻生、快意恩仇，但也更内敛、精明和沉稳。

为此，作者对白玉堂的外貌、衣着等进行改造，突出了"一袭白袍"的外在特征。比起仗剑天涯的侠客，一袭白袍的白玉堂更像是一位温文尔雅的文人公子。作为推理小说的主人公，他必须要有足够的耐心去发现事件背后的蛛丝马迹，必须要有足够清晰的头脑来理顺各个迷局之间的逻辑，必须要足够沉稳来等待潜藏暗中的对手露出马脚。因此，谈歌改变了白玉堂的性情，而书生的形象也使他更敛尽火气，与冷静的智者形象更匹配。

（二）改变白玉堂的人生走向和人生选择

传统作品中的白玉堂接受了众人的意见供职开封府，身份也就从"游侠"变为"忠义侠"，或者说由江湖义士变为政府官差。而在谈歌笔下，白玉堂功成身退，在朝廷向他敞开大门时，他默默离开，悄然远去，他放弃了为朝廷或皇帝尽职尽忠，却仗剑天涯，为天下寻求正义。白玉堂骨子里的潇洒不羁、崇尚自由的江湖情结，从奉行传统儒家的忠义变成了自己心中的忠义，实是大爱。小说在塑造白玉堂这一人物形象时，也对展昭、卢方、蒋平等义士身上的矛盾点和闪光点进行了合理地安排，使这些人物形象血肉丰满，并没有沦为衬托白玉堂的符号。

（三）对人物角色进行颠覆性地改编

小说中还有很多重要的"小角色"，这些人物因身份多变而蕴含着丰富的悬疑色彩。颜查散本是当朝状元、包拯的门生，谈歌在小说中虽然保留了"白玉堂三试颜查散"的经典情节，却对整个人物形象设定进行了颠覆性修改。颜查散成了武功高强的济南王秘密进京时所用的化名，并与白玉堂互生敬慕之意；丁氏双侠也完全脱离了《三侠五义》的原意，甚至扮演了反派角色，他们为攀附皇亲，不惜破坏展昭和妹妹丁月华的婚约，并将展昭诬告下狱；杨宗保不是死于西夏犯边，而是死于辽国刺客之手；穆桂英不曾征西复仇，而是封锁杨宗保已故的消息，继续镇守涿州。由此可见，虽然主要人物的名称沿用传奇旧作的设置，但每一个人物又都是崭新的。

《黑天白日：重说锦毛义士白玉堂》只是谈歌白玉堂系列推理小说的先行者，作者在后期对其进行了修改润色，并更名为《白玉堂：逍遥楼》，与其余几部共同出版，但基本情节未变。《黑天白日》的情节整改，则决定了《白玉堂：血黄金》《白玉堂：案中案》《白玉堂：局外局》的剧情走向，也注定了历史传奇、侠义故事对谈歌来说只是基础，讲述新奇的、有悬念的、符合逻辑推理的新故事才是他的目标。也正是这种复杂性陡升的故事情节和新颖与经典相融的讲述手法，激发了读者萌生兴趣与好奇心。

第三节　"案中案"系列小说解读

谈歌的悬疑推理小说善于安排布置令人疑惑的细节和悬念来制造悬疑效果，设置主要人物白玉堂，通过细心观察、缜密推理，破获迷局。但迷局是千丝万缕、错综复杂的，往往令人眼花缭乱，大案件中套小案件，小案件又引出大线索，形成了"案中案"的效果。《案中案》，即是以这种叙事效果命名而来。

一、一人多面，扑朔迷离

谈歌小说中最令人眼花缭乱的是人物的多变性。谈歌制造悬疑最常用而屡试不爽的手法是，让人物"一人多面"或"千人一面"，都戴着多个面具。随着作者的叙述，读者每每感觉抓住了关键人物和关键问题时，往往结果令人惊异；而当人物揭下面具、展示身份时，往往令人大吃一惊。这样的结果是，使猜谜破案活动出现低谷，当对手自以为是、以为阴谋得逞时，却会出现反转。"螳螂捕蝉，黄雀在后"，他们留下的蛛丝马迹往往已经被"黄雀"捕获，而黄雀则是白玉堂。白玉堂故意放纵对手，使其暴露更大的破绽，进而揭示更大的秘密。所以，当对手自以为胜券在握时，白玉堂往往已经布置妥当，正是收网、一网打尽的好时机。此时，白玉堂抽丝剥茧、层层揭示案中案，当整个故事情节绝处逢生、山重水复时，突然豁然开朗，柳暗花明。

《黑天白日：重说锦毛义士白玉堂》中，上元桥上摆摊算命的书生，他自说叫钟涛，是襄阳王的幕僚，他出价一千金请杀手白玉堂杀一个人。白玉堂以外表不俗却非常自私、贪婪、好大吃大喝的金先生身份面世。然后，他假装生病，在酒店养病，遇到年轻汉子颜查散。二人性格相投结为朋友。之后，白玉堂坦白，有人拿出千金雇他杀人。到后文中，我们发现金先生实际是白玉堂，与之成为朋友的严查散实际是济南王所扮。钟涛则是小说中最核心的负面人物，是所有阴谋的主使者、策划者，是皇帝的孪生兄弟襄阳王。后来，展昭和白玉堂夜探襄阳王府，当时看到的襄阳王毫无王者气度，而他身旁的侍从钟涛却气度非凡。此时，我们才明白襄阳王府中的襄阳王为假王，其身份是失踪多年的丁兆兰，而侍从钟涛却是真正的襄阳王。到了晚上，襄阳王又化身为皇帝，而真正的皇帝却被襄阳王软禁。所以，只看襄阳王一人，他在不同地点出现，且身份各异。读者在初读时会摸不着头脑，到底谁是谁，傻傻分不清楚。由此可见，作品中人人都戴着面具，这让情节更加诡异和扑朔迷离。

二、明暗双线，巧妙缝合

谈歌的悬疑推理小说，往往利用明暗双线结构布局。这种布局安排，与小说中隐秘的故事相契合，目的在于声东击西，混淆视听，有意识地转移对方阵营的注意力，同时也让参与推理和"破案"的读者"误入歧途"。

《黑天白日：重说锦毛义士白玉堂》中，字面上要破获的案件是皇宫失窃案。随着作者不疾不徐的叙述，把全部注意力放到此案件的侦破上，并寄希望于开封府官员。而暗线或真正需要破获的是，"三王血案"和缉拿襄阳王。这两个案件看起来风马牛不相及，作者的巧妙处，在于将这两个看起来不相关的案件揉于一处。小说的操作技巧是，时时留下轻描淡写的、似乎没有必要交代的、让人疑惑的细节和场景。描写皇帝时，要么皇帝瞒着几位太监傍晚与包拯相见，要么皇帝在朝堂上隔着金丝垂帘见大臣，这些细节实际起到了提示作用。皇帝为何如此，显然有什么事要隐瞒，似乎不甚光明正大。之后，写皇帝传包拯问花蝶案的进展，但没有亲自接见，而是让包拯和主管太监谈了一夜，这些细节依然提醒我们皇帝在关注"花蝶盗宝案"。但当太监来到开封府，只说出一句"廿期已到"便身亡时，读者的警觉性会被再次提起：这里一定有什么隐情，太监或是知道内幕。但"廿期已到"几个字除了涉及时间，显然不能提示任何有价值的线索，这使得读者深陷迷雾。及至皇帝要包拯尽快破获"三王血案"时，读者迷惘中似乎产生一线希望：怎么又出了"三王血案"？谁杀了三王，是花蝶吗？凭阅读经验和直觉，读者知道"花蝶盗宝"与"三王血案"一定有关。这里实际是作者的第一次巧妙缝合。

第二次缝合是包拯的智囊公孙先生提议，是否请出太后。公孙先生镇定自若，似乎胸有成竹。太后是皇帝的母亲，比皇帝"厉害"，当然是要管制皇帝的。作者就是利用读者的这种思维定式，将两个案子进一步缝合。再联系前文，皇帝的种种匪夷所思的细节，这个推理似乎很有说服力。至此，读者会欣然于自己的智慧。之后，小说又出现多次细节提示，比如，公孙先生提示包拯，是否记得华妃逝世、全城宵禁？再如，白玉堂发现苗红儿的红色金丝软甲出现在"丁月华"身上。最重要的是，襄阳王府中快快不乐的襄阳王送给白玉堂的藏头诗，明确了"我为假王，圣是假圣"。这是作者对两个案件的第三次缝合连缀。

《案中案》的明线是四皇子失踪和飞天蜈蚣与散花仙女入皇宫盗走太祖龙泉宝剑；暗线是富甲天下的田仿晓以强大的财力向朝廷施压，操纵、威胁皇家传人。田仿晓让被皇帝收为义子的儿子参与继承人之争，才有了所谓的四皇子失踪的表象。而所盗也并非有价无市的太祖龙泉宝剑，而是传国玉玺。至此，破获盗窃案与四皇子失踪案巧妙地连缀缝合起来。白玉堂抽丝剥茧，所利用的正是作者留下的细节，即小说人物行为中的超出常理的破绽。

除细节提示外，作者有时直接跳出叙述，插入提示，比如，展昭因追捕花蝶被赦；丁兆惠设酒接风，迎接展昭；展昭刚要喝酒，又被公孙策派马汉召回议事，搅散了酒场。之后，作者插叙："展昭绝没有想到，后来他是多么感激马汉搅散了这一场酒啊！人生真是难料。"另一处，北侠欧阳春与丁兆惠话别，欧阳春喝下了丁兆惠特意备下的酒。此时插入叙述："丁兆惠可以想象三天后欧阳春痛苦的样子。"这里，其实是给读者的提示，让读者察觉丁兆惠有问题，尤其是两次提到的酒肯定有问题。后文揭示，丁兆惠是襄阳王的手下，受襄阳王指使，在酒中下了"月芽毒"。整体来看，作者巧妙地利用明、暗线索，通过细节提示将双线缝合，进而使情节转换自然，从而突出了白玉堂推理有条不紊。

在谈歌的白玉堂系列推理小说中，读者始终与白玉堂站在同一个平面，拥有同样复杂的经历，收集同样数量的线索，参与度很高，有利于沉浸式体验；同时全神贯注地追随剧情、寻找伏笔、发现细节、完成推理，并在寻找真相的过程中不断获得证据，享受在情节反转处验证自己判断是否正确的乐趣。

第四节 《血弥途》解读

　　《血弥途》是谈歌在 2017 年《小说月报》贺岁版上发表的中长篇小说。小说保留了谈歌一贯的擅写历史、善谈掌故、擅话传奇的风格，并进一步加强了悬疑推理的成分。《血弥途》中，处处是奇案、步步是谜团。在充分展示传奇的同时，作者结合了真实的历史背景，严肃地思考了历史中的偶然性和可能性，展现了历史的厚重苍凉。

一、明暗双线的巧妙安排

　　《血弥途》在小说结构上同样设置了明暗双线，两条线索交叉进行，由主要人物白玉堂串联起来，勘破案中案、谜中谜。

　　第一条线索是"护送相亲"，此为明线。小说开篇交代了故事的背景，即江湖帮派青龙会被北宋政府招安，帮主区少安请开封府派官兵护送其子区化龙赴杭州相亲。小说着重描述了由开封到范家庄、阜阳、泰州、杭州的相亲途中遇到的种种阻碍和险情。护卫人员虽奋力拼杀，但仍不敌对手的神出鬼没，他们处处受制，只能疲于应付。直到白玉堂出现，他才逐渐抽丝剥茧，逐一揭晓了对手的神秘面纱。此处情节发展，有一个明显的回升。但在杭州勘破了很多玄机之后，白玉堂才恍然发现"我们全错了啊"。至此，情节急转直下，跌入谷底。及至最后一章，在蔚州城，当对手自以为阴谋得逞、实则功亏一篑时，整个故事才峰回路转。在这一主线中，作者充分塑造了白玉堂的形象。

第二条线索是"薪炭失窃"，即皇宫设在城外的薪炭局丢失了5000余斤木炭，此为暗线。小说在相亲事件后插叙该事件，叙事节奏缓慢，但没有重点写如何破案，似有很多"闲笔"，因而给人一种无足轻重之感。尽管叙述者一再强调皇家的任何小事都绝非儿戏、木炭对皇宫的保暖如何重要等，但读者从现有叙事中仅仅获取了木炭是烤火供暖的燃材料这一信息，他们认为木炭失窃乃稀松平常之事。所以，这条线索从表面看上去波澜不惊，这正是作者的叙事谋略。直至提到"木炭、硝石、硫黄"如何配伍制成火药的细节，该线索才由暗转明，进而引导读者把木炭与火药联系在一起。至此，细心的读者可能开始回溯小说开篇，进而质疑：区少安身为江湖人物却投降朝廷，势必招致江湖人士和反朝廷人物的不满，本该小心谨慎、低调行事，却为何大肆铺张、大张旗鼓让官府护送儿子相亲呢？其中必有蹊跷。即使"相亲"与"火药"有关系，那又能怎样呢？读者随着白玉堂一起质疑、思考、探秘，由"相亲"联想到"火药"，进而联想到大宋皇帝的性命、宋辽双方的战争与和平，以及最终历史的发展走向。

这两条线索的交汇，是通过白玉堂的冷静观察、层层推理判断、综合考察完成的。至此，前文设置的重重谜团、种种不可思议就都有了完美的解释：阴谋的主使者区少安（他真实的名字是耶律晶），借相亲之名吸引官府注意，并借相亲车马保护并运走丢失的木炭，途中车辆被盗又失而复得，实则把木炭做成碳粉后又加入准备好的硝石，直到最后在杭州加入硫黄做成火药。目的是暗杀宋朝的皇帝，进而实现吞并宋朝的野心。可惜皇帝临时改道蔚州令其措手不及，也给了白玉堂等反被动为主动的机会。

二、塑造理想人物

白玉堂是作者塑造的理想人物。作者把人物置于各种复杂的关系网中，并以此来塑造人物形象。其他人物的处处被动、手忙脚乱、疑惑不解与白玉堂的临危不乱、心思缜密形成鲜明对比，并在与青龙帮、与开封府包大人、与朝廷、与百姓的种种关系中凸显其性格。对于这些方面，作者并未刻意描摹，而是在传统话本小说的基础上，尽量给读者留下足够的想象空间，如"他将坐骑寄在城外一家客栈，只身优哉游哉去了河边，花一两银子搭乘了一只小船，兴致勃勃顺流而下"；"白玉堂早已腾空跃起，这一跃如鸟儿一般轻盈"；当卢方怀疑白玉堂时，借蒋平之口说明了白玉堂的为人："大哥，你多虑了。五弟不吃官饭，在江湖上行走，他断不会……"如此轻描淡写，寥寥几笔，一个不慕权力地位，不依附朝廷，仗剑江湖、潇洒自由的白玉堂形象出现在眼前，可谓不着一字尽得风流。

白玉堂天资聪颖，悟性超群，心思缜密，洞察力强。因此，对手的一些不符合规律、有违常理的小"细节"，经他观察，就可能成为一个令人起疑的"漏洞"。这些"漏洞"，经过他的冷静思考和细致推理，就可能彻底暴露事情的真相。小说借白玉堂的层层推理和判断来传达一种深刻的人生哲理：人生如戏，贵在自然。白玉堂不吃官饭，本可逍遥无羁，行走江湖。但在国家危难之际，他接受包拯的邀请，参与案件调查，这不是为了君王，更不是为了金钱和功名，而是在辽宋的争端问题上，他站在正义的立场上，"路见不平拔刀相助"，这是"君为轻，民为重，社稷次之"的大仁大义，更是"兴，百姓苦；亡，百姓苦"的忧患悲悯意识的体现。这使得白玉堂形象高于展昭等人，也区别于其他的江湖侠客和隐士。

包拯是作者塑造的另一位重要人物形象，他有神机妙算、运筹帷幄的主帅风度，几乎是作为白玉堂的"对偶式"的人物出现的。他们是惺惺相惜的知己，但信仰不同，价值追求不一，因此注定分道扬镳。白玉堂在完成任务后悄然离去，小说结尾带有一种感伤情调。这种感伤除了源自包拯和白玉堂的关系，更来自拉开时空的距离后产生的苍凉悲壮、辽远迷茫和物是人非的感慨。

《血弥途》用简洁质朴、从容隽永的语言塑造了一个潇洒大义、心思缜密的白玉堂形象；用惊险刺激、悬念迭起的情节，展示了一个个匪夷所思、雾里看花的案件和迷局。

第三部分 | 谈歌作品
特色专题

第九章

谈歌的书画与
文学创作

第一节 作为书画创作者和评论者的谈歌

谈歌书画有独特的精、气、神，其深厚的文学修养和文化底蕴所起的作用不容小觑。关于这一点，著名评论家谢有顺特别重视，他曾对书画界的朋友说："你们的作品要有大的突破，就必须增加自己在文化，尤其是在文学方面的修养。"[1] 昔日，黄宾虹曾对林散之说："书画玄旨，重在参悟，不是言语所能尽其绪。"因此，书画需要作者自己去努力，师古人、师造化，更要自己体悟、展现自己的个性。谈歌不以书法家、画家自居，但他的确领悟了成为书画家的要旨。他的书画作品确实值得细细品味，因其既体现了他对自然、人生的体悟，又蕴含了自己的个性。

一、作为书画创作者的谈歌

谈歌的书画早有评论者关注。2009 年胡军在《文艺报》上发表了《"三驾马车"合办书画展》。该文章谈及这些书画作品中蕴含的民族文化精髓和彰显的时代特色，并提出了"文学艺术与书画艺术同源。文学是书画之本，文学艺术与书画艺术在抒情达意等诸多方面是同宗一脉的"。2018 年，作家芳影在网络平台发表了原

---

[1] 谢有顺. 成为小说家 [M]. 太原：北岳文艺出版社，2018：168.

创文章《长风万里送秋雁 对此可以酣高楼——谈歌书法欣赏》，其中提到，作者非常懂谈歌，并对谈歌书画非常熟悉。她曾这样评价："谈歌书法自带气场，是谁奈我何的胆魄，是斗酒书百篇的豪气，是大巧若拙的顽劣。字如其人，字字带文气、带酒气、带霸气。……先生的字，是磐石、是老树，是狂风，是海啸，是千锤百炼的铁……或许什么都不是，就是六十八度的伏特加！……写的不是字，是不羁的魂灵；品的不是酒，是无尽的人生！"的确！谈歌书画是他灵魂的外化。"字如其人"不仅指谈歌的外部形象，也指他内在的性格气质，更包括文化修养。

这里讨论谈歌的书画，不是从专业的艺术角度进行分析，而是从欣赏的角度感知、品味。谈歌书画的题材内容和艺术技巧都反映了他的个人爱好和传统文化修养，这对他的文学创作产生了有益启发。谈歌将他的传统文化修养融入小说创作，使语言更具诗意，使内容更具文化品位和文化底蕴。其书画中蕴涵的特殊修养和技法，也必然与文学创作融会贯通，这使得他的小说更具画面感和构图感。

二、作为书画评论者的谈歌

谈歌也作为评论者评论其他书画家的作品，比如他曾评价四位保定书法家的作品，并著文《龙惊鼓角 鹰起狼烟（组图）》。文中这样表述：观其四位笔力，多从汉唐碑帖发轫而来，察其笔意，更有当代见解深思熟虑。临池行文，可见龙惊鼓角之险象，鹰起狼烟之峭拔。赵英辉运笔，拙意无穷，好似得道高僧，临渊不惊，淡定从容；周晓通行文，通篇饱满，如唱河北梆子，昂扬引喉，满坑满谷；田冬青用墨，枯涩如铁，状若剑客上路，林冲夜奔；胡力强布局，盘马弯弓，静则蓄势不发，动则如破竹之声，淋漓尽致。谈歌虽对其书法的运笔、行文、笔意、布局等有过专业的评价，但多是点到即止，而更侧重于个人感悟进行想象类的赏析，并将这种赏析形成细腻、生动、对仗工整、形神毕肖的语言。自古以来，"对风格的审美特征多取描述的方法，且常用形象化的比喻，以激发欣赏者的审美联想，强调用体悟和比较去识别不同的风格，而避免作出严格明确的规定。这种分类表面上看似无逻辑，却更切合多数人的审美经验"[1]。

因此，对谈歌的书画进行赏析，不应仅仅侧重于对书画艺术本身的分析，更应该从书画中感受作者的喜好偏爱、审美风格和艺术理念，品味其与文学的密切关系，从而丰富对作者的认识。

[1] 童庆炳.文学理论教程：第5版[M].北京：高等教育出版社，2015：312.

第二节　谈歌的书法与文学创作

　　谈歌的书法内容，往往是一些深具中国传统文化底蕴的诗句。从中国古典诗词中选择名句，是其中重要的一部分。谈歌经常书写这些诗词佳句，也从经典文章中择取精华。从他的书法内容中，能充分感受到谈歌的文人修养和文学、文化魅力。

一、彰显文人修养、审美趣味、道德追求和传统文化底蕴

　　"弃我去者，昨日之日不可留，乱我心者，今日之日多烦忧。"这是诗仙李白的名句，表达了诗人对时光和人生现实的感慨。他感叹岁月飞逝难留、人生世事烦扰。"两个黄鹂鸣翠柳，一行白鹭上青天。窗含西岭千秋雪，门泊东吴万里船。"杜甫这首诗写绝了诗中有画。想必谈歌喜欢的，不仅是美景，更有艺术构思之美。

　　谈歌的《东篱南山》显然是化用陶渊明的名句"采菊东篱下，悠然见南山"。由此可见，谈歌非常喜欢诗中恬淡、悠然的意境，物我交融、天人合一的境界，体现了一种不被世俗裹挟、我心我主的姿态。《大舞台》中，对徐飞扬的小小居所的描绘，即体现了谈歌的这种向往之心态。在喧嚣浮躁的当下，读者和作者都更需要这种传统的隐逸之趣来净化和慰藉心灵。

"剑胆琴心"，不仅是谈歌书法的内容，更是其理想人格的象征。"剑"，让人想到武侠、江湖，是路见不平、仗剑天涯的胆气与潇洒；"琴"，让人想到才艺才气、雅量、知音。谈歌喜欢这四个字，既有情致又有胆识，是中国传统文化中崇尚能文能武的才子气与侠骨柔情的丈夫气的结合。"剑胆琴心"，也和他作品中的人物般配。如《绝士》中的荆轲与高渐离、"白玉堂"系列小说中的白玉堂形象等。这些都体现了谈歌自己的审美追求和豪放典雅的情致。

谈歌喜欢将"守真仁义"作为书法内容。"守真仁义"，是中国传统文化中最为宝贵、最该被继承的精神。尤其在当代社会中，受商品经济、市场意识的影响，人们的价值观出现摇摆时，这种精神更需要继承和弘扬。真诚、坚守、仁者爱人、重情重义是谈歌最重要的品质和修养。注重人品修养、呼唤道德理想主义，也是他作品一贯的理念。

谈歌还很喜欢"天道"二字。有一次，我在现场观摩他写字。看他写出"天道"二字时，我不由脱口而出"酬勤"。但谈歌略一停顿，写出"自然"两个字。我不能判断他是否即兴发挥、临时起意。毕竟，"天道酬勤"也是极有意义的勉励之语，送给文学院的师生也是非常恰当的。但细品"天道自然"四字，便发现其内涵更博大、有更平和的胸襟和境界，融道家思想、天人合一等理念，既有玄妙的境界，又蕴含了和谐共生的理念。

谈歌写过"南方有嘉木，北国有嘉桐。嘉桐招飞凰，慕瑾引游龙"。这个书法内容，是谈歌在熟悉了解中国传统文化基础上自创的联句。"南方有嘉木"最早出自《茶经》，原文首句是"茶者，南方之嘉木也"。嘉木一般指茶树。当代作家王旭峰创作的长篇小说《茶人三部曲》之一，即是《南方有嘉木》。关于梧桐，晋朝夏侯湛的《桐赋》中有"有南国之陋寝，植嘉桐乎前庭"；南朝文人谢朓的《游东堂咏桐》诗中有"孤桐北窗外，高枝百尺余。叶生既婀娜，落叶更扶疏"。梧桐在古代文化中带有美好的寓意。《诗经》中就有"凤凰鸣矣，于彼高冈。梧桐生矣，于彼朝阳"。庄子《秋水》里，也说到梧桐："南方有鸟，其名鹓雏，子知之乎？夫鹓雏，发于南海而飞于北海，非梧桐不止……"由此可见，谈歌非常熟悉和喜欢中国传统文化，也熟悉民间风俗和文化讲究。

谈歌还写过"脉望"。"脉望者，成精之书虫也。"，出自唐代段成式创作的笔记小说集《酉阳杂俎》。据《仙经》记载："蠹鱼三食神仙字，则化为此物，名曰脉望；夜以缯映当天中星，星使立降。"谈歌非常喜欢这些古代笔记小说，他不仅书法内容从中取材，而且进行文学创作也从中吸收了有益的营养。整体来看，谈歌书法所取内容都自有境界、自有诗意，从中可见其文人修养和审美情趣。

二、体现对社会、人生的独特观察，寄寓深切的人生况味

谈歌的书法内容多体现他对社会、人生的独特观察和思考。读者能从中感悟作者深切、丰富的人生况味。

"观远"二字简洁、幽远，体现了谈歌对万物的认知。"观"，观看、大观；"远"，远方、高远。眺望远方、登高望远，有闲适又雍容的意境，也有欲穷千里目、更上一层楼的进取豪情。很明显，这两个字体现了作者的一种襟怀、抱负和人生格局。

"云淡风轻"这个词出自北宋程颢《春日偶成》中的"云淡风轻近午天，傍花随柳过前川"。这幅字让人联想到微风轻拂、浮云淡薄、天气晴好的画面，意境恬淡、雅静，很自然地流露出古典式的审美情趣，也体现了作者心态闲适和高洁的诗意追求。显然，这

四个字非常符合谈歌作为文人的审美喜好，也是他对繁华过后见真淳的人生真谛的理解和顿悟。这些意境、胸襟，不仅仅是谈歌独有，也是其文学作品中人物所特有的。

"三心二意"特别能体现谈歌对日常生活和习以为常的思维的一种"新解"。我们一般把"三心二意"看作一个负面意义的词。但谈歌对"三心二意"有自己的解读：人生当保持好心情，调整好心态，提高心境，不外乎意志、意趣也。这无疑是对过往人生的经验总结，给人耳目一新之感。谈歌小说中有好多类似的创新性解读和对既有成语的改造化用。

《不了了之》这幅字体现了面对诸多烦扰的一种人生态度。四个大字中间，用小字"凡世间事，犹了未了，终以不了了之"解读"不了了之"，体现了谈歌的游戏笔法。书法内容似乎少有口语化、调侃性的语言，但谈歌在调侃中有严谨的思考，初看是随性、草率，细品又觉他对人生、做事的理解很准确、很深刻。"做了""尚未做好""干脆拉倒"，世间事，大不了如此，"了"与"不了"，都取决于自己的内心，有一种过来人的通透。

谈歌也比较喜欢"知白守黑"。这个成语出自《道德经》的"知其白，守其黑，为天下式"。一般讲，"知其白，守其黑"就是面对一切事物，不仅要了解它的现象与特征，还要由外到内，挖掘、发现其内在的规律和机理，要尊重规律，顺势而为。而在为人处世方面，要懂得是非曲直、善恶美丑，对此要做到心中有数、明悟于心，但在行为上要保持愚弱、不争。谈歌喜欢这几个字，一是其中蕴含玄妙的哲理，二是对自己的人生反观有所感悟，是结合自身的人生阅历对为人处世的一种见解，其中蕴含劝勉之意。"知白守黑"这几个字，于理而言，韬光养晦，保护澄澈的心性；于情而言，又有种'已识乾坤大，犹怜草木青'的柔情"。

《天下书生自古狂》也是谈歌很有特点的一幅字。"书生"，是谈歌在作品中经常单独拿来评价的。《大舞台》中，他特意将马长江、马凯旋这两个人物定位为书生，并强调了书生与文人的区别。谈歌没有常人讲的"百无一用是书生"的感喟，而认为书生更体现一种性格、一种气节。相比于一般文人的胆小怕事、自扫门前雪、明哲保身，书生确实"狂"，这是谈歌的精彩论点，体现了他对读书人的透彻分析。这种"狂"和"书生气"是谈歌呼唤的一种品格，也有些许自况成分在其中，或许有更多自勉之意。

三、融入游戏笔法，展露个人性情

谈歌的书法内容多是创造性的发挥，潇洒从容、诙谐幽默的游戏笔墨。他善于打破思维定式，进行新颖的、创造性的发挥。他的书法总让人忍俊不禁，在感觉好玩、好笑的同时，又耳目一新。细品，其中寄寓了作者独特的思考，或展现不同的意境、情趣，或体现不同的人生况味。这些作品带给观者不同层次的审美体验，初看惊奇，书法居然可以这样；再看通俗浅切，细品有点意思、有琢磨头儿、有韵味，传递出作者独特的看法。

谈歌经常于日常生活中择取素材，从中融入随性好玩的笔法。谈歌曾写过"多写即神"送给他的学生崔金瑄。崔金瑄是一位小学老师，也是一个非常有文采的文学创作者。她对这幅字的评价是：初读这四个字，非常口语化、简洁，也特别随意；细品，却发现这幅字打破了一般长者对后学晚辈的教导面孔和一本正经、过于严肃的常态。他似乎在打开天窗说亮话，文学创作无他，没有捷径可走，多练是最重要的途径，故勤能通神。由此可见，这四个字虽质朴、简短，但道理却真淳。

谈歌有些作品几乎是生活实录。他有一幅字是"人生得意须尽欢，谁不买单我买单"，这几乎是真性情流露了。谈歌喜欢热闹，喜欢和情投意合的人小聚，把酒言欢。谈歌也是一个很有生活仪式感的人，他的节气感很强，哪个节气有什么讲究，什么时节吃什么东西，他非常熟稔。"大寒饮枣酒 小聚迎立春"描写了现实生活中谈歌与朋友小聚把酒言欢的场景。席间，枣酒更是谈歌经常提到的。他对枣酒有深刻的认识，枣酒富于地域特色，也极具"性格"。他在小说《大舞台》中专门写到枣酒，并将醇酒比作妇人。

如果前两幅字随性的成分比好玩多些，那么下面的几幅字就不仅仅是随性、好玩，作者干脆将书法与游戏结合，甚至玩起了猜谜。"明月几时有，抬头自己瞅。"不得不说，这句话打破了我们常规的思路，以为下面是"把酒问青天"，结果，话锋一转，来了一句"抬头自己瞅"，这一问一答很有场面感，前半句雅致、严肃，后半句却直接、俗白，细细想来却非常有道理。明月有没有、几时有、看得见与否，全在自己，全在观者本心。由此可见，俗白中藏着质朴而深邃的道理。

第三节　谈歌的绘画与文学创作

　　谈歌的绘画作品，就题材来说非常广泛。但整体来看，谈歌比较喜爱描画除人物以外的自然世界，花鸟虫兽、游鱼细石、高山大川等尽收画笔。其中动物类题材，作者偏爱马、虎、鹰等；自然风景类，则多表现天空、高山、大树、河流等。另外，他更喜欢富有中国传统文化意味的荷花、葫芦等，这些多写进他的写意小品中。人物画则主要是为配合小说、丰富小说内容所画的插图，这是《家园笔记》最新版本，即蒋子龙评点版中的一个创新之处。

一、绘画题材与美学追求

（一）动物题材的画作体现张扬凌厉的美学追求

　　谈歌的动物题材类画作，特别能体现谈歌的个性特点和美学追求。所画内容，在凸显所画对象自然特征的同时，也彰显了它们的性格和神采。它们是奔腾不息的骏马、矫健犀利的苍鹰、骁勇嗜血的百兽之王。他笔下的骏马迎面疾驰而来，裹挟着原始的生气和活力，充满着野性和力量。一骑绝尘、势不可挡，其自然属性较为鲜明。他还画非常人性化的马，突出马直立、回望的特点。

　　他笔下的苍鹰一改多数艺术品中自由翱翔、志存高远的形象，呈现了静待时机、准备俯冲、迅捷出击、即将捕获猎物时一瞬间的神情。它的翅膀苍劲有力、翎毛根根分别，眼睛犀利凶猛，嘴巴更是锋利无比，突出了其刚猛、野性的一面。同时，作者将鹰与峭壁、岩石等环境背景巧妙融合，灰黑与土黄相配，颜色极简，突出了冷峭的意境。《栖鸟非退步，远瞻志更高》展示的就是静止状态的鹰，养精蓄锐，静待时机，具有明显的象征意义。作者并非要突出用工笔写实的手法，而是要凸显它们的威猛刚劲和气势磅礴，从而体现那种桀骜不驯、富于锐气的个性，张扬那种野性的、战斗的"力之美"。这主观化了的自然，更具明显的象征意义，是谈歌性格特点的外化，更是他追求的一种独特的美学风格。这些画作和他的文学作品，一起为我们容易忽视、忘却的宝贵民族性发声，为某种弱化的精神注入了一股新鲜、有生气的力量。

（二）插画与小说文本有机结合

谈歌为最新点评版小说《家园笔记》绘制了插画。这些插图与故事内容形成一个互相印证的关系。故事的背景是荒蛮、封闭的山区——野民岭。野民岭的人彪悍、野性、勇猛，富有反抗气息，为了理想不惜流血、殒命。一方水土养育一方人。什么样的土地才可以养育出这样有血性和骨气的山民呢？小说用插图描绘了野民岭的自然环境，集中展现了天、山、树、云等自然事物。作者运用中国画技法中的皴与染，用墨色对山势的起伏、峭壁与深谷的映衬、近景与远山的错落等进行浓淡处理，并加以其他色彩，"染"则使色调渐淡或渐浓。插画中的山仿佛是有灵魂的，这是因为作者把自己的崇敬、敬畏之感融入其中。

谈歌在绘画技巧上巧妙地使用留白。留白是中国绘画的一种重要表现方法，是谈歌营造空间感的重要手段。谈歌以笔墨的深浅、形体的虚实变幻在画面上留下大片空白，创造出苍茫、辽远的意境。此外，作者对插画的题字和命名更起到了画龙点睛的效果。如"比天""石魂""岁月像云一样飘远了，但山的灵魂还在"……这些语言让读者产生一种画面感，能直观地想到野民岭的山正如当地的人一样永不低头、峥嵘悲壮。

谈歌所画的人物肖像插画，虽简单几笔、粗线勾勒，却把人物的特点传神地表现出来。墨色的线条勾勒出《家园笔记》中"我"的祖父们作为山民和土匪的粗糙、粗犷，面部棱角分明、眉毛浓郁，给人一种嚣张、霸气之感。脸部用土黄色加以点染，颜色简单至极，恰恰表现了人物的质朴，野蛮中有原始的单纯之感。从局部细节看，谈歌突出了人物的胡须，清一色的络腮胡，很硬、很扎，桀骜不驯，这正是野民岭人主要的性格特点。

（三）文人画突显意趣与哲理内涵

荷花是中国传统文化中备受推崇的植物，一向有"出淤泥而不染"的高洁之意。荷花也是谈歌着意描绘的对象。谈歌笔下的荷花，花朵硕大、美丽，但谈歌并没有着意突出荷花之艳，而是以墨荷为主加以粉红色点染，整体感觉内敛、雅致，突出的是一种与世无争，宠辱不惊，更有清丽、脱俗的意趣。另外，《秋趣图》中的果实累累和燕子的呢喃留恋也都表现得很自然。果实和燕子的颜色都不张扬，两者非常和谐。

谈歌也在画作中融入了生活的感悟，创作出了非常生动又有内涵的生活小品。这种小品，仿佛一首小诗、一首短曲、一首即兴的歌谣，让人感到亲切自然，清新淳朴。谈歌以葫芦为主要题材。葫芦在中国有美好的寓意，谐音"福禄"。因而无论是文人还是民间百姓都非常喜欢葫芦。百姓的房前屋后，种葫芦也是一种生活情趣的表现。但谈歌并没有仅仅局限于"福禄",而是玩起了"谐音梗",将它与民间俗语相结合创作出了《葫芦一时,聪明一世》。葫芦的谐音还有"糊涂",那么什么是真糊涂呢,就是耍小聪明;什么是聪明呢,是该糊涂就糊涂。所以,只有"葫芦"一时,才能聪明一世。这些作品尺幅都较小、内容也比较简单,虽着笔墨不多,但主题比较鲜明,而且情趣盎然。

二、绘画技巧

谈歌所画是典型的中国画,以水墨画居多,就是纯用水墨作画。画面干净纯粹,所画内容凝练集中,仿佛作者心无旁骛,着意展现对某个对象的单纯的审美。除黑色墨外,他用基本原色巧妙地调配出更适合画作情致的颜色,多深蓝色和并不太鲜艳的青色,或用蓝加黄调出较为灰暗的苍绿色,或用大红加蓝调配出灰紫,等等。整体来看,他画作的颜色少明亮、鲜艳、夺目的颜色,而多暗色、深色、冷色调;即使是暖色调,也少大红、明黄等相对张扬的颜色,而多是褐红、暗红、灰粉、橙黄、赭黄、土黄等内敛的颜色。这些色彩之间没有强烈的对比和冲撞,是大体相近的颜色,是一种参差的对照,整体上单纯、和谐、共生感强。这与谈歌画作所表现的对象和要体现的意境密切相关。

作者以笔法为主导,充分发挥墨的功能。"墨即是色",谈歌用墨的浓淡变化展现颜色的层次变化;"墨分五彩",色彩缤纷的感觉和效果也可以用多层次的水墨色度代替。比如,用墨色的浓淡表现颜色的深浅,展现马腹部肌肉的条、块分布和紧致程度;用毛笔的蜷曲、环环相扣似的运笔,展现马鬃马尾的迎风飘飞。再如,鹰的背部、翅膀和腹部羽毛的颜色,也是简单浓墨勾勒、浅墨点缀,居然都很神气活现、栩栩如生。为了展现一种扑面而来、无法躲避的气势，谈歌更注重描绘它们的神韵，追求一种"神似"。这非常符合中国的画论："形质毕肖，则无气韵；彩色异具，则无笔法。"

三、绘画对小说创作的影响

谈歌从小跟随张洪年老师学画画，有一定的功底。绘画曾经是谈歌的专业。后来谈歌搞起了文学创作，也搁置画笔。不可否认，绘画基础对谈歌的创作有比较重要的影响，《人间笔记》中的短篇小说便展示了老保定的风俗画。《票儿》中的徐水买马、涿州抢粮等情节，画面感非常浓郁。《家园笔记》《大舞台》中的画面感和镜头感就更加丰富。

通过了解谈歌的书法、欣赏谈歌的书画作品，我们可以明了谈歌的艺术喜好、审美追求及文化底蕴。他将这些兴趣和修养融入文学创作中，使文学作品更增艺术魅力和文化内涵。此外，从书法、绘画和文学相互关系的角度，我们可以更好地理解谈歌，理解谈歌作品中的艺术魅力。

第十章

小说中的语言艺术

第一节　语言的诗化追求

中国古代文论中，无论是扬雄提出的"心画心声"，还是曹丕在《典论·论文》中提及的以"气"论文，抑或是刘勰在《文心雕龙·体性》中提到的"情性"或"成心"，都强调了作品的语言风格与作者的学识修养、气质禀赋、人格品质和志趣才情等密切相关。其中，除了复杂的个性气质，学识修养是非常重要的。一提到谈歌，当代文学圈子里的人想到形容他的词肯定是"好酒"、性格豪放、言辞犀利。确实如此。但这只是一部分，谈歌还有更书卷气、更内敛的文人才情，其语言也富有文气和诗化效果。

一、古典诗文曲赋的引用、化用和创作

（一）直接引用

谈歌喜爱古典文化，热爱古典诗词曲赋。小说中有很多直接引用，增强了小说的文采和诗意。在《大舞台》中，就有多处。比如，"路径窄处，留一步与人行；滋味浓时，减三分让人尝"是明朝洪应明所写《菜根谭》中的名句。用语形象简洁，写出了一个人立身处世、寻求快乐、通达的法则。再如，"路从绝处开生面，人到后来看下台。"药王大店中的这则对联，实际是引用了清代李

桂山自题的一对联。该句巧用"绝"与"生"反衬对比、"后"与"下"阐释地位变迁，蕴含了一定人生哲理和辩证思维，蕴藉中又给人以启迪。又如"道虽迩，不行不至；事虽小，不为不成"，出自《荀子·修身》。这些言简意赅、寄寓丰富人生哲理的名句的加入，使小说语言更显诗意和深刻。

《大舞台》中，马凯旋的毕生之痛除了梅天凤，更重要的是付浩声。当马凯旋落难、命悬一线，是付浩声保全了他的性命，并且付浩声义薄云天，全力支持他，因此二人义结金兰。但因政治问题，马凯旋不得不亲自处决自己的大哥。"旅泊成千里，栖遑共百年，穷途唯有泪，还望独潸然。"此处谈歌引用了王勃这首《重别薛华》，将郁积在马凯旋心中的悲凉与哀愁、愤懑与凄苦，宣泄出来。

谈歌善于用乐景写哀情。小说引用二黄唱腔"昔日有个刘关张，兄弟们结义真豪强"，再现马凯旋与付浩声昔日兄弟怡情的场景，与今日的道不同不相为谋形成巨大的反差。马凯旋凄然痛苦、烦恼充塞于胸，引用李白《宣州谢朓楼饯别校书叔云》中的"弃我去者，昨日之日不可留；乱我心者，今日之日多烦忧"，表达了他向往李白的潇洒浪漫，也对其愁感同身受。为了塑造马凯旋有理想、有担当、重情重义但无奈凄凉的形象，谈歌从容地展现了他的文化储备，并将之巧妙地附于马凯旋的身上，使语言简洁高雅、文气纵横。

《家园笔记》中，"我"大舅曾经的上级、战友陈明然和大舅的亲兄弟二舅劝降大舅，失败。陈明然感叹，引用"三军可夺帅，匹夫不可夺志"，表达对大舅的崇高评价。二舅借用"贫贱不能移，富贵不能淫，威武不能屈"来表达他对大舅的由衷敬意。两次引用强调了真正的男子汉大丈夫恰如大舅这般，富贵时节制而不挥霍；贫贱时能坚守意志；强权下不屈服，忠于自己的信仰，不改初心，身体力行。这两句儒家经典语录，展现了大舅益坚不坠青云之志的高尚节操。

谈歌小说大量引用古典诗词曲赋和文章中的名句，是符合人物身份、地位、学识的。尤其在塑造文人、知识分子、艺人、师者等人物形象时，这些传统文化的融入更符合人物的身份，能更好地为表现人物服务，更重要的是，能使小说的语言更简洁、蕴藉、深刻而富有诗意，也展示了谈歌文气雅致的诗意追求。

（二）化用和改造

除了直接引用古典文章和诗词曲赋，谈歌还在原文和原意基础上进行了创造性发挥——化用和改造。从中可见，谈歌有丰富的古典文化知识储备，且理解深刻，因此在创作过程中才能如此潇洒从容。

《绝士》中，田光向太子丹推荐荆轲："古人云，血勇者怒而面赤；脉勇者怒而面青；骨勇者怒而面白；神勇者怒而不变。"这里的语言化用《刺客列传》中的句子，用夏扶、宋意、孙舞阳等作对比，意在突出荆轲的怒而神色不变，是为大勇。只有真正的勇士才能经受住挑战，面对大事件虽情绪有所变化而不显于神色。

另外，太子丹带队伍穿素服、举白色招摇为荆轲送行，高渐离用琴音和荆轲生死对话。此时，东方现出鱼肚白，寒风直冲云霄。谈歌用"日出东山坳"和"寒风起天末"这两句诗描述当时的景色。这两句诗是作者即兴将"日出东南隅，照我秦氏楼"和"凉风起天末，君子意如何？鸿雁几时到？江湖秋水多"的情和景合二为一，形成了一个崭新的意境，既突出了环境氛围，又成为一个很好的过渡。"日出东山坳。寒风起天末"类似于电影镜头或全景拍摄的画面,增强了小说的画面感,既突出了易水送别的场景,又引出了下文风大旗杆断的情节。用"东山坳"和"寒风"是写实,更加准确,而且简洁、洗练,充满诗意,有余味无穷之感。

《大舞台》中,用"山有森兮没有枝,心悦君兮君不知"形容马凯旋对梅天凤爱恋。这句话是对《越人歌》中"山有木兮木有枝,心悦君兮君不知"的化用。"没有枝",则表明了不能心灵相契。

小说中关于萧家广有几处谶语都一一应验,显示了一定的传奇和神秘色彩。其中的一首五绝——"菩提明镜台,无端惹尘埃,前后三界外,如去也如来。"显然是作者化用"身是菩提树,心如明镜台,时时勤拂拭,勿使惹尘埃"和"菩提本无树,明镜亦非台,本来无一物,何处惹尘埃"这两首佛教中的经典诗而创作的。谈歌的诗作不仅使人物更显玄妙,增加其传奇色彩,还有空灵深邃之妙。

(三)创作诗词

谈歌不仅仅局限于引用、化用和改造古诗词,他还进行自我创作。由此,可见谈歌深厚的文化功底和灵活的艺术创新。这在《大舞台》中多有展现。

马凯旋吟咏的"国民事业随水流,正值当年若落晖,苍茫独立无端处,夜半惊风凉我衣",正是谈歌与马凯旋"共情"的结果,表达了马凯旋青年壮志未酬的无奈,以及对命运和时局的慨叹,展示了悲凉心境。马凯旋准备留下潜伏之前,去付浩声墓地拜谒,这可能是他今生最后一次"见"付浩声了,因为他已经做好了随时赴死的准备。"时维十月,序数初冬,青冢黄昏暗路。暮色苍茫之时,人在冷风之中。"谈歌用古典散文的语言描写环境时令，句式简洁、洗练，但又有骈文四六言之工整，在简洁、质朴的同时融入诗意的笔法。"青冢黄昏暗路"，其中三个深沉、晦暗的意象连用，烘托了一种肃杀凄清的氛围；而暮色苍茫之时，"人在冷风之中"则写出了人与环境融合，仿佛一个形单影只的旅人独自在冷风中伫立，渐渐消失于暮色中。作者用极俭省的语言描画了一幅萧索凄凉的画面，很好地表达了马凯旋对付浩声难以言表的复杂感情。

创作诗词，同样在《家园笔记》中多有体现。作者为丰富林山县知县梁玉明的形象，引用了诗歌："云岭遥遥客不前，风吹野树带炊烟。国亦兵破强歌舞，民为官差失井田。"此诗描写了田园生活和国家破败、民不聊生的场景，侧面烘托了梁玉明忧国忧民的情怀。

二、符合人物身份的文采斐然的语言

谈歌小说中塑造了很多人物形象，他们有良好的文化和道德修养，有儒雅的气质、坦荡的君子行为，也有书生意气。如《大舞台》中的马凯旋、马长江、徐飞扬；《家园笔记》中的大舅、二舅等。这些人物的语言整体偏于书面语，注重文气，讲究用典，对仗工整，文采斐然，风格典雅。

《大舞台》中，乔运典与马凯旋诀别时，袒露内心："我一介草民，鬓毛不觉白毵毵，一事无成百不堪。……人么，春风得意之时多是目不见睫，结果怎样？旦则号泣行，夜即悲吟坐，徒有弃杖之精神，政府则弃我如敝屣。……半世功名一鸡肋，平生道路九羊肠。……既然不以时也，命也，运也的老套说服个人，也不以个人性情来解释命运，那就是天地既不因尧舜而存，也不因桀纣而亡的道理了。"这些语言，从即将赴死之人口中说出，可谓肺腑之言，且信息量极大，有乔运典对自己一生经历的慨叹和反思，也有对政治、政府的失望，还有由之前的争强好胜向平常心的回归。这段话句式工整，既有成语又有典故，文白相间，既符合当时的语言习惯，更符合乔运典的人物身份。他是高级知识分子、育德中学教员……所以他思维敏捷、逻辑清楚，对世事看得也相当透彻。"弃杖"是借用《山海经·海外北经》中夸父死后遗下的手杖化为一片桃林的典故。"弃之如敝屣"，则出自《孟子·尽心上》，这是乔运典自认为勇敢追求、为自己的信仰死而后已，即便被弃之如敝屣也毫不在意。但国难之际，他看开一切，否定了宋代吕蒙正《命运赋》中的"时也，命也，运也"的古话，更看重《荀子·天论》中"天道有常，不为尧存，不为桀亡"的观点，即揭示自然界的运动变化有其客观规律，和人事没有什么关系。谈歌化身为乔运典，切合他的心理和才学，运用非常符合他个性的语言来表达，层次严谨。

《大舞台》中有两处对徐飞扬的拜访。第一处是赵元初、穆柏枫、秦德纯的拜访。此段非常精彩，人物风神尽显，个性突出，身份地位与语言相称。谈歌在此处赋诗"树枝渐抽新绿，花草逐日返青"，用以形容徐飞扬居所的宽阔、疏朗、惬意，正符合人物闲云野鹤的格调和气质。赵元初初到保定掌事，拜访徐飞扬并邀他游历保定古迹。走到前清妓院遗址时，徐飞扬当场赋《西江月》："平生不入烟花，人讥无趣寡淡，今日被诱思破戒，美人已去百年……"这半阕词将人物内心世界的丰富多彩和性格的风趣诙谐很好地展露出来。

徐飞扬建议，草长莺飞的好时节，当政者应组织一些民间娱乐活动，以彰显一番和平气象，借以聚拢军队士气、缓解民众紧张心理。这不仅符合徐飞扬师者的身份，符合其对百姓苍生的悲悯情怀，更符合他自己的立场。在小说结构上，这一处起到了引子的作用。

第二处是山口一郎拜访徐飞扬。面对隐匿于闹市之外的宽绰而简单的院落，山口一郎用"结庐在人境，而无车马喧。问君何能尔，心远地自偏"来恭维徐飞扬的自在清闲。这里巧妙运用古诗词生动形象地展现了山口一郎"中国通"的形象；而用陶渊明带隐逸气质的诗来称赞、恭维徐飞扬，则体现其对中国文化喜爱，亦可见的语气威胁。徐飞扬则用讥讽的语言回复："此中有真意，欲辩已忘言……只是老朽无此心境，白头搔更短，浑欲不胜簪。"徐飞扬避而不接山口一郎的话题。在一来一往的对答中，徐飞扬看似展现了垂老者的心灰意冷和不问政治的隐逸心态，但更有软中带硬的态度。言谈之间，他引用杜甫《春望》中的"国破山河在"来表现自己的感慨和爱国情结。

《家园笔记》中，"我"三舅牺牲前所唱歌曲，有两个版本。一个版本是："哎海哟，打开粮仓吃白米啊，哎嗨哟，杀了老财有马骑，哎嗨哟，穷苦哥们儿闹赤化，哎嗨哟，好光景过得万年长啊。"这首歌曲语言通俗，语调昂扬。"哎嗨哟"给人以嘹亮之感，突出山区民歌的特点。"开仓放量""打地主老财""闹赤化"等词汇，则突出了三舅的政治身份。另一个版本是野民岭的山歌，也是一首绝命诗："今日好汉走刀口，杀头放血为自由。儿孙夺得江山后，岭上老酒祭我头。"作者设计了两个版本，其行文和语言庄重且契合人物形象，表现了人物不屈服、不妥协的豪放乐观精神和反抗气概。

还有章兆铭，在经历严刑拷打时，他不吐一字，坦然自若，咬破中指，题壁一联："七尺微躯酬野岭，一腔热血溅林山。"临刑前，他神色不变，慷慨如平生。这些慷慨悲壮的情节，用诗歌的形式展示显然更节制，情感上更深沉、更有感染力。

除历史小说，谈歌笔记小说中的人物语言也富有文采，以至于有评论者将其称为"文化小说"。事实上，谈歌小说中人物语言的风格是丰富多彩的，这与他作品的题材和对文体的探索密切相关。

三、洗练、蕴藉、诗化的叙述语言

谈歌小说的叙述语言也非常讲究，洗练、蕴藉、充满诗化色彩。

《绝士》中，人物出场的环境："月儿东升，夜已至。暮色四合，天地一片苍凉。有归鸦数点，林枝摇曳。天色沉沉，阵阵寒风在街中乱扫。马蹄声碎，街上已空无人迹。只有如水的月，如血的灯，如墨的夜，如剑的风。"荆轲默默送高渐离离开的环境："长夜下，长街上，月黑夜，断肠风。风紧处，寒意四袭，几片冷雪随风卷过。这是入冬前第一场雪。"这些语言简洁、洗练、整饬匀齐，排比对仗讲究韵律，语感空灵，富有画面感和诗意。其中营造的静谧、冷冽又玄妙的意境，令人产生冥想，与"风萧萧兮，易水寒"给人的感觉颇为般配。

《家园笔记》中的宝姑，当年头戴八角帽、腰里别着手枪，英气逼人，但现在是迟钝得近乎呆滞的老女人。作者引用陆游的"少携一剑行天下，晚落空村学灌园"，就道出了岁月的无情、英雄晚境的苍凉和无奈。《大舞台》中的："月上东天，苍穹如洗，倘若鸟瞰，保定城里的大街小巷好似一条条清丽的河水，流银淌白，亮眼爽神。"这段叙述语言洗练，四字句连用，似骈文的华丽雍容、错落有致，同时结合了散文的亲切自然，语言质朴平易，却简洁传神，蕴藉有味。

在这类简洁的写景状物的语言中，谈歌充分体现了"审美经验中的最大的特点就是物我两忘"[1]。在我们注意力高度专一的时候，便不会觉得物和我是两件事。"如果心中只有一个意象，我们便不觉得我是我、物是物，便把整个的心灵寄托在那个孤立绝缘的意象上，于是我和物便打成一片，我的生命便是物的生命，物的生命也便是我的生命。"[2] 正如我们看赛跑时的跃跃欲试，读武松打虎时的提心吊胆。当我们遇到雄壮峻峭的高山时会肃然起敬，这是我们忘掉我和山的分别。一方面我们把雄伟镇定骄傲的气概移注于山。于是山俨然变成一个人，一方面又把山的巍峨峭拔的姿态吸收于我，于是人也俨然变成一座山。[3] 这种物我同一的现象就是"移情作用"。这是诗人和艺术家看世界的方法，正因为有"移情"，无生命无感情的事物才会变得有生命有感情，才有了诸多经典的词语和诗句，如"山鸣谷应""云飞风起""海棠带醉""杨柳伤春""蜡烛有心还惜别""数峰清苦，商略黄昏雨"……这些意象含情带感的美好，绝不是因为简单地运用了修辞手法，而是有了审美经验中的物我合一后的移情。

---

[1] 朱光潜. 我与文学 [M]. 桂林：广西师范大学出版社，2004:70.
[2] 同上.
[3] 朱光潜. 我与文学 [M]. 桂林：广西师范大学出版社，2004:71.

第二节　语言的画面感、镜头感

　　谈歌小说语言的画面感极强。他能用文字描绘出一幅幅画面，再现一个个生动的场景，达到文中有画的效果，能让读者产生如临其境、如见其人、如睹其物的感觉。不仅如此，谈歌还将电影语言融入小说中，常用景物镜头来烘托主题和塑造人物性格。景物镜头又称"空镜头"，镜头里没有人物出现，仅是场景、自然景物的描绘，却能够介绍环境、渲染气氛、烘托意境。语言的镜头感能很好地表达作者的视角立场、态度或作品中人物的思想感情，这与谈歌的擅长绘画、喜爱影视并有电影电视剧本写作经验有密切关系。因为小说、绘画和电影艺术巧妙地结合，有助于突出小说的语言画面感和镜头感。

一、在场面中的呈现

　　《绝士》中，秦舞阳和高渐离比武的场面："秦舞阳大喝一声，剑又飞起。剑意萧萧，剑式更加细密。如边塞的蒙蒙细雨，不透风声。而只此一刻，秦舞阳的剑法已经大变，已经不再是萧疏的秋风，而是暴发的山洪，奔流的大河。好猛的剑！如狂风暴雨，如闪电霹雳。高渐离却像一匹飘舞的绸缎，在风中舒舒地展开。神秘而潇洒的高渐离啊！像一支舒缓的乐曲。荆轲长叹一声，他知道秦舞阳已经败了。众人瞠目之间，云散风收，电逝雷止。一切都结束了。秦舞阳已经一动不动。高渐离的剑已出鞘，剑出鞘时，剑已经指秦舞阳的咽喉处。"这段文字形象细腻，充分调动了读者的感官功能产生一系列意象，这些意象又如电影的特写镜头一样。比如，暴发的山洪、奔流的大河、狂风暴雨、闪电霹雳、一匹飘舞的绸缎等，与萧瑟的气氛契合，形象地展现了秦舞阳和高渐离对决时的一刚一柔，画面感强烈。同时，语言注重修辞，句式工整，多用铺排和比喻，形成了一股奔腾流淌的气势，由萧瑟到静谧和悄然，具有音乐般起伏的韵律。

二、在静态景物及意象中的呈现

《家园笔记》中对保州市古城墙的描写，其画面感和镜头感也很强。"那是一个秋天的傍晚。远远望去，残阳如一注鲜烈的活血泼上古城墙，将这一段多年失修破败了的古城涂抹得血迹斑斑。几只昏鸦呱呱叫着，挥动着黑色的翅翼，从灰秃秃的垛口处掠走，遥遥扑向了就要燃尽的夕阳。"这段文字中，作者运用了极富传统文化内涵的意象，如古城墙、如血夕阳、昏鸦等无不显示其雄浑、苍凉、悲壮。此外，作者用色也颇为大胆。他用色彩鲜明、富有视觉冲击力的颜色，如黑色、铁红等，来显示一种冷酷又热烈的情绪，与铁血军人的形象非常吻合。小说语言注重动静结合，苍茫的远景、全景与特写式的近景结合，突出一种沉寂、压抑、静若坟场的感觉。作者运用了长镜头将远景尽收眼底，同时展现全景，营造整体上辽远、阔大、浑厚的氛围；运用闪回镜头，拉近了时空的距离，将此时"我"的今朝所见与1940年的情景相呼应，物是人非，更显人物的悲壮。由此可知，作者是用镜头语言、绘画技巧带领读者去追溯和感受当年历史的悲壮。

《大舞台》中，古鸿洲画《长河落日图》的场景非常经典：一是细致描绘了这幅绝笔画作；二是叙述语言的镜头感更为强烈，而且运用了特写镜头。"古鸿洲只手颤颤地接过墨，只一扬，就泼在了那太阳上。墨色四散开来，那只大太阳就浸出更大的面积。……古鸿洲肃然坐定，两目微闭，只听他猛地喝一声，一张口一口血就喷出来，直喷到那轮黑黑的太阳上。……那血竟是化不开那团浓浓的黑墨。古鸿洲哈哈大笑，笑声在堂中震动，久久不散。笑毕，古鸿洲颓然地仆倒在画上，竟已气绝。……"这段文字真切地描摹出了古鸿洲扬扬甩甩拖大笔赤脚作画的场景，凸显了其绘画功力和性情旷达。他的画作主体是汹涌奔腾的大河，从中可见其浩瀚、粗犷、阔大的胸怀。在这样磅礴的意象周围，又加了风起云涌、老猿长啸、苍山起伏、太阳西沉的意象，更显凄然悲怆。这段文字运用了一系列的手法，动静结合，熔绘画、电影手法于一炉，体现了德高望重的古鸿洲作画时的潇洒气度和悲壮决绝。

《大舞台》中，大舅在庄济寺就义的场景，也体现了语言运用的精彩。"寺内空气像绷紧的弓"是静态氛围的营造。"浓郁的酒香飘过来，大舅嗅了嗅。……大舅摆手笑道：'我已多年不饮酒，还是不破戒的好。'……大舅爽然一笑：'甚好。甚好。'双手接过，认真吹去上边的浮叶，一饮而尽。然后，细心把茶杯看过，仿佛在把玩一件古董，交还给士兵，并点头谢过。"这段文字镜头感极强，人物的语言、动作和神态描摹都极简。"我已多年不饮酒，还是不破戒的好"，这句话表现了大舅随和、从容和坚定，柔中带刚，表明了他丝毫不妥协的态度。选择饮茶表现了大舅温雅从容的文人情怀，而饮茶时认真吹去浮叶的动作，则表现他面对死亡时的大气和镇定。最后的"细心把茶杯看过"则是一个特写镜头，含蓄而意味深长。

此外，《大舞台》中关于虞世通死前的情形，画面感和镜头感也极强。"如虞世通打开衣柜，拣一件黑色风衣披了，走出门去。虞世通衣袂飘飘，大步走在寂静的街中，积雪很厚，一路踩出闷闷的声响。虞世通倏忽想起当年，跟随赵元初于风雪中行军的情景，那是野天野地的大风雪，嚣张而放肆，漫天的雪花狂啸，翻飞的雪粒子流矢般锥在脸上，烫烫地生疼。踏在脚下，发出吱吱嘎嘎金属般的硬响。城里的雪，没有那种尖厉，没有那种硬度，却多了一种生意人的和气，轻盈飘舞曼妙可人。踏在脚下，响着噗噗苏苏的声音，像一锅晾冷了的白米饭。"这段文字尤其突出了黑色和白色。小说运用镜头语言，表现了虞世通衣袂飘飘、踏雪走过长街的情景。白色的雪和黑色的风衣形成了色彩上的鲜明对比。虞世通对当年与赵元初的雪地行军、并肩战斗的回忆，也相当于一个闪回的镜头，视觉效果明显，画面立体，营造了一种冷冽的氛围。城里的雪和野地里雪相比，缺少硬度，却多了生意人的和气，这种类似于跳出和插话，有调侃之意。雪像晾冷了的白米饭，一个"冷"字颇给人一种暗示。整段文字深沉而蕴藉，预示着虞世通终将成为一个悲剧。

谈歌语言中的画面感和镜头感，多是通过自然风景来展现的。一方面，欣赏者的心情会随风景变化，风景千变万化，心情也随之千变万化；另一方面，风景也随欣赏者的心情而变化，心情千变万化，风景也随之千变万化，这就是"即景生情，因情生景"。"'即景生情'便是欣赏，'因情生景'便是创造。情景相生，所以欣赏和创造是互相连带的。"[1] 小说中的古城墙、《长河落日图》，让读者脑补了一幅幅画面，这是语言将绘画、镜头的技法和审美欣赏有机融为一体产生的效果。

[1] 朱光潜 . 我与文学 [M]. 桂林：广西师范大学出版社，2004:72.

第三节　语言的经典化处理

　　谈歌的小说追求艺术品质，对语言有很多经典化的处理，多追求哲理性、思辨性和象征性。其小说语言往往深刻、意蕴深厚，值得反复品读。

一、语言深具哲理性

　　谈歌经常对事物直接进行评判和议论。《绝士》中，高渐离与荆轲的对话充满玄妙与抽象的哲理色彩，与人物的悲壮、幽怨相吻合。"高渐离转身看看荆轲：'兄长，你可听到了这筑声？'荆轲点头道：'有一种莫名的惆怅。'他猜出是田举在田光的坟前击筑。高渐离叹道：'真正的惆怅是没有声音的。'她伸手拣起飘落在石案上的一片叶子：'一片叶子败落时也是没有声音的。你能听到叶落的声响吗？'荆轲点头：'叶落是无声的。'高渐离惨然一笑，'断肠也是无声的。'说罢，拿起剑只一舞，一片落叶便碎成点点。"

　　这段对话运用了通感的手法，经过联想和想象，由"筑声"联想到"惆怅""落叶"再转化为"断肠"，将抽象的情感具体化。决绝之人赴死恰如一片飘零的落叶，作者将主人公的情绪层次化和立体化，所用语言内敛、深邃，具有深刻的哲理性。

《大舞台》中有一个不起眼的细节，莲池酒家的餐具都是残缺的，这居然是店家故意为之。这其中的原因是"食客不会因餐具残缺影响食欲，而那些爱贪小便宜的食客，却会因为餐具残缺而消了行窃的念头"。马凯旋看透了店家细节中的用意，暗合了庄子的"无用即有用"的道理，进而体会到有残缺才能长久的道理。这些深刻并带有哲理性的语言，既体现了马凯旋思虑精细、见解高超，又能紧紧抓住读者。

二、语言追求逻辑性与思辨性

谈歌小说的语言条理清楚，讲究逻辑性和思辨性，充满鲜明的议论色彩，且观点鲜明、突出。这与作者丰富的阅历、犀利的洞察力有关，更与作者性格中的坦率、真诚、无畏相称。

比如《大舞台》中对谢士炎等英雄的精彩议论。谢士炎出身于将官门第，能文能武，兄弟几人均为高级将领。他生活优越，能够长期从事压力巨大、危险指数过高的情报工作，除却信仰支撑，别无其他。于是，谈歌将叙述者和作者的身份合二为一，直接发表感慨和议论："精神与肉体，人之一生总在其间闪展腾挪，输赢的最高形式或最终的较量，是信心战胜肉体之痛，信念战胜灵魂之痛、信仰战胜死亡之痛。"这是对真英雄的评价。所用语言句式工整、对仗讲究、见解深刻、观点新颖，且论断具有不容置疑的坚定性，更容易打动人心。

马凯旋、梅天凤赞叹唐行一"弃事则形不劳，遗生则精不亏"，赞他洒脱，能勘破人生。但马凯旋从国家和功利的角度出发，认为假如大家都一概勘破人生，于国家是非常恐怖的事情。梅天凤则认为，勘破并非恐怖，而是苍凉。关于知与愚的思辨，马凯旋说：

"知其愚者，非大愚也；知其惑者，非大惑也。"梅天凤给予补充和深化，认为："大惑者，终身不解，大愚者，终身不灵。"这段对话充满思辨的色彩，也很深刻隽永。

关于文人与书生前文有所涉及，这里专门探讨一下。《大舞台》中，马凯旋作为徐飞扬的弟子，饱读诗书，满腹经纶，往往被认为有文人情怀。但马凯旋并不欣赏文人，更喜欢书生。谈歌不是一概而论，他将读书人分为文人和书生两类。如"书生意气何以？说白了，就是认死理儿，平时不惹事，有事不怕事，奉节守义，关键当头，破门而出，敢于临危授命，敢于飞蛾扑火。……若举例，如保定书生马长江，当街举刀杀敌。……而文人呢，遍查经典，多见胆小怕事，自扫门前雪者多多。平日里，舞文弄墨，争抢风头，唯恐不能出语惊人。遇事呢？高呼我宁死，湖边怕水凉。无耻之徒屡见不鲜。"这段文字简短有力，一气呵成，细致描摹了书生和文人各自的行为特点，打破了"百无一用是书生"的成见。作者更倾向于马凯旋是一介书生，甚至很欣赏他身上带有的那种书生特有的个性和张扬的气质。谈歌喜爱的其他人物，如古代侠士白玉堂、荆轲等都被他塑造成书生形象。或者说，谈歌也是一个奉节守义、敢于拍案而起的书生。

三、语言追求象征性

谈歌小说的语言追求象征性，就是用某种具体形象的事物暗示、隐喻特定的事理或思想，充分调动类比和联想的思维方式，使读者产生由此及彼的联想，从而领悟作者所要表达的真挚感情、深刻寓意等。因此，细致、形象的语言描写，能让读者产生深邃蕴藉、耐人寻味、意味无穷的效果。

《家园笔记》中，不被上峰信任、被一点点儿拿掉兵权的二舅心情灰凉。"一阵大风生猛地扬过来，像一匹匹野马在古城上狂奔，在山坡上的树林中掠过，发出浪涛般的呼啸。残枝败叶在坡上疯滚着，时而斑斑驳驳卷到半空，让人看着眼晕。风中弥散着一股难闻的腥气。二舅猛地想起，当地土人称这风为'鬼风'。"这段描绘非常传神，用威猛、生硬来形容风的狂野、可怕，且句子短、节奏快，成铺排之势，也有风般涤荡一切的气势。"鬼风"这个让人悚然的词，显然是一种不祥之兆，象征意味浓郁，暗示了二舅的悲剧命运，有引起悬念的作用。

《大舞台》中关于虞世通的结局，也有象征性的暗示。"他不经意看了一眼侦缉队的黑漆大门，他突然第一次感觉这两扇门很怪异，像一副安静的棺材板，无论走进来或是走出去，都像走进了一座古墓。"这句话的象征意味明显，暗示了这里是虞世通死亡之所。季钧用"鸟困笼中关羽不能张飞，人生在世八戒还须悟空"进行自嘲，不仅具有辩证色彩，也具有象征意味，能形象地说明自身的处境。"掌柜与伙计"这一章中，重点写了夜晚。"世界上的多数阴谋大都是在黑色的夜里进行。在这样没有路灯的、冷清的、静若坟场的街中，兴和旅社却仍有半夜来客。"这里的"夜"具有环境的典型特点，能渲染神秘的氛围，带有鲜明的象征色彩，暗示出场的"掌柜"才是最大的内幕和阴谋。

谈歌小说的语言经过哲理化、思辨化、象征化等一系列经典化的处理，语言内涵更丰富、逻辑更严谨、思想更深刻、意境更蕴藉隽永，通过具象的描写将主观情绪赋予客观事物，更具启发性和耐品性。

第十一章

小说中戏曲
元素的运用

第一节　戏曲元素的融入

戏曲是对我国传统戏剧的一个独特称谓，是中国传统艺术中的一种。"综合性、虚拟性、程式性是戏曲的主要艺术特征"，这些特征凝聚着中国传统文化的美学思想精髓……"[1] 戏曲出现在小说中，本身就给小说注入了一种新鲜感和文化感。且戏曲是一种高度综合的艺术样式，既有音乐部分，包括声乐和器乐，又有表演部分，同时还有对其他艺术营养的融汇，更有对自身精湛深厚的表演艺术的追求。

一、融入多种戏曲样式

中国戏曲是以"唱、念、做、打的综合表演为中心的富有形式美的戏剧形式"[2]，达到了声情并茂、文武兼备、和谐统一的效果，而且历史悠久，自带一种历史的厚重感和文化气息。谈歌将戏曲元素融入小说中，可谓找到了一种"神器"，既能使小说语言典雅、别具韵味，又达到了多重的叙事效果。《大舞台》中，

[1] 国家教育委员会艺术教育委员会. 全国学生音乐欣赏曲库指南（初中部分）[M]. 上海：外语教育出版社，1996：175.
[2] 陈立红，吴修林. 艺术导论 [M]. 北京：中央音乐学院出版社，2010：184-194.

谈歌融入了多种戏曲样式，主要是京剧、河北梆子、晋剧。这些剧种在北京、天津、河北、山西等省市广泛流行，与小说的故事背景也吻合。尤其是河北梆子，是极具地域文化特色的剧种，谈歌也是有意选取了这个剧种，为的是与《大舞台》的保定地域文化特色和谐统一。

二、戏文、念白的运用

《大舞台》中，还有很多地方运用了戏文、念白等元素。付浩声、马凯旋、梅天凤三人骑马外出打猎时，付浩声借用京腔京韵的念白，与马凯旋对话："饶是个醉里挑灯看剑，梦回鼓角连营，马作的卢飞快，弓如霹弦惊。看贤弟一路领先，英雄气概，直如往常呀！"付浩声用精练、有韵味和节奏的念白表达了兄弟二人的感情，也是对马凯旋英雄气概的真诚赞赏。付浩声带着猎犬追风纵马向前，去捕获猎物时，说："两厢闪开了！有道是，万军之中，取上将军首级，探囊取物，若张翼德也；山谷之间，获区区几只猎物，轻松平常，如付浩声耳。区区小事，何劳贤弟出马，岂不是杀鸡用了牛刀？贤弟呀，你与天凤姑娘，且于路旁稍事歇息，但看付某手段，一路寻找猎物去了！"这一段念白，非常符合当时的场景和氛围：秋高气爽、好友同行、诗兴大发。这些语言非常幽默，既是自我调侃、解嘲，又透露了付浩声从容的心态，为下文梅天凤和马凯旋的独处、谈心埋下伏笔。梅天凤不禁点头赞叹："付大哥真正是个马作的卢飞快啊！"马凯旋也点头笑了："我说过，付大哥入错了行当，他当年若行武带兵，以他的气概，必定是个白马银枪的大角色。"这段对话通过马凯旋、梅天凤的赞叹表达了他们对付浩声的敬意，更通过戏文和念白透露了付浩声文气儒雅、飒爽英姿与骨子里豪情天纵的完美结合，充分表现了戏曲艺人在特殊历史时期所表现出的刚柔相济的气质和人格魅力。

第二节　戏曲元素融入的作用

　　戏曲独特的艺术魅力和文化内涵，不仅为小说增色添彩，更使小说呈现浓郁的文化气息，因而成为小说的必要的组成部分。不仅如此，戏曲还有很好地烘托氛围、暗示情节、塑造人物的作用。

一、塑造人物形象

　　戏曲元素的融入，能使人物形象更生动、立体。《大舞台》中，塑造的最重要的人物形象，是戏曲艺人、河北梆子大师付浩声。在展现付浩声人物形象时，小说运用了大量戏文及相关的戏曲文化习俗和讲究，这与人物的经历、身份、命运息息相关。付浩声是一位杰出的戏曲艺人，文武兼备。他之所以能成功，不仅与自身的天赋有关，更与后天的刻苦努力密不可分。小说详细地描述了付浩声学艺的经历，以及当年付浩声跟名师达子鼓学艺时立下"契约"的经过。付浩声也因此作了达子鼓的"拉手学生"。更重要的是，作者通过付浩声的这段学艺经历，真诚地表达了自己的理解和看法。"所谓'一日为师、终身为父'蕴含多少现实的慨叹；'台上有情，台下无义'的市井调侃，包含了诸多心酸的江湖经验。"这些是作者心绪的展露，能有效带动读者进行共情式阅读。对人物塑造而言，正是有了对人生不易的理解，才使付浩声充满同情和悲悯，也才会有后来马凯旋落魄和危难时的出手相救和不计回报，这里蕴含了付浩声对戏如人生、人生如戏的理解。

付浩声学艺的经历中有旧年间梨园行流行的"打戏"情节。"打戏"几乎是当今"体罚"的代名词，却奠定了付浩声武功坚实、身段边式良好的基础。从某种程度上说，付浩声的戏是"打"出来的。付浩声的勤学苦练，使他不同于一般的戏曲艺人，他不仅仅是具有"花拳绣腿"、只能在舞台上"扮演"武功高强之人的演员。这个外表斯文儒雅的艺人，确实有一身真功夫。在面对日本人的强行抓捕时，付浩声一方面从容镇定，另一方面则出手不凡，能够轻而易举地将敌人打倒。

作为戏曲艺人，付浩声德艺双馨。赵元初在保定举办全国首届杂戏魔术大赛时，付浩声组织义演并积极参加，他对自己要求极高，不仅演出经典剧目，自编新剧《新闹天宫》。《新闹天宫》由传统剧目《闹天宫》改编而来。这绝非谈歌随意为之，而是充分考虑到付浩声戏曲艺术家的身份和卓越的精神追求，以及他在剧中尝试创新、加入魔术，从而使表演更精进。这些戏曲元素的融入，不仅使小说很好地塑造了付浩声的人物形象，而且在情节上有承上启下的作用。

二、暗示并推动情节发展

戏曲元素有暗示情节、推动情节发展的作用，在《大舞台》中运用得恰到好处。

（一）梅可心调侃马凯旋，再唱《三岔口》

《三岔口》又名《焦赞发配》，取自宋代杨家将的故事，是传统京剧短打武生剧目。三关上将焦赞杀人被发配，杨延昭命任堂惠暗中保护，押解焦赞行至三岔口，夜宿旅店。入夜，店主刘利华为救焦赞与任堂惠发生误会，在深夜中搏斗起来。刘利华虽与任堂惠目标相同但没有沟通。心直口快、可爱单纯的梅可心，正好用这出戏来形容马凯旋与梅天凤之间雾里看花、躲躲闪闪、互相试探的关系。梅可心对他们很敬佩，但又为他们的感情问题着急。谈歌小说基本不谈爱情，很少正面、细致地描写男欢女爱。小说中的马凯旋和梅天凤更多地表现为互相尊敬、并肩作战的姿态，含蓄的感情，也因后来政治阵营不同而变得更加淡化。但马凯旋对梅天凤这个优秀女性的爱慕从未改变。

（二）唐行一用戏文支招儿

当赵元初遇到了生活难题时，唐行一用戏曲巧妙献计，帮赵元初化解了难题。赵元初娶了一个丑妻刘小美。不料刘小美红杏出墙，与赵元初的副官福国义有染，而福国义的哥哥又是赵元初的恩人。赵元初因此颇为苦恼、窝火。唐行一则在赵元初生日时安排了《翠屏山》《武松杀嫂》《钟馗嫁妹》这几出戏，想用戏文暗示赵元初，这需要他自己选择，要么杀之要么放之。赵元初选择了后者，即《钟馗嫁妹》。他认刘小美为义妹，并将她嫁给福国义，这个决定表面上是赵元初大义宽容，实际上是要让福国义有苦难言。对好色的福国义来说，让他整天守着一个丑女，必是苦不堪言。在戏文的启发下，赵元初巧妙复仇。这出戏曲的运用，不仅展现了唐行一和赵元初的形象及多方人物关系，而且起到了推动情节发展的作用，为下文福国义报复赵元初、赵元初下野蛰居的情节埋下了伏笔。

三、渲染和烘托气氛

戏曲的运用能充分渲染和烘托气氛，使小说蕴藉、含蓄，产生言有尽而意无穷的效果。《大舞台》中，付浩声与钱如雪捐弃前嫌时二人共同演绎的唱段，运用得恰到好处。一是符合付浩声和钱如雪是小说中最光彩、最富魅力的戏曲艺人身份。二是契合二人当时的心境。三是有效地渲染和烘托了气氛。这个唱段中的环境与二人当时的情感完美融合，拨云见日的美好和兴趣盎然的情形相得益彰，使小说有一种开阔辽远、清新通透的意境。

付浩声洁身自好，品德高尚，他用陆游《灌园》中的"不再携剑行天下，落寞山村学灌园"表明自己的意志，宁可抛弃功名、金钱、地位，隐匿乡间做一个普通农夫，也不愿与日本人有瓜葛，更不愿曲意逢迎。这种软而刚的性格与钱如雪的快意恩仇、泼辣爽利不同，但二人骨子里是契合的，是真正的品行一致、志同道合。与付浩声相比，钱如雪性格耿直、不拘俗礼、大胆无畏，身为女儿身却有很多的阳刚之气。在了解到付浩声对日本人的强硬态度时，她钦佩付浩声是一个硬汉，更敬重他的民族气节，因此对这个昔日对手一反常态，主动表达敬意、坦诚道歉并倾囊相助，同时强调这些钱都是她自己辛苦唱戏挣的，干净！"干净"二字充分体现了钱如雪虽追求随心所欲但更有原则和底线，也体现了她对付浩声的理解，清楚付浩声为人，他绝不受嗟来之食，更不会接受不义之财。由此，付浩声和钱如雪结拜为协心戮力的姐弟。付浩声用京剧白念道："'大姐呀，正是深秋天气，云高神爽，小弟想请大姐小酌两杯，望大姐万勿推辞才是。'说罢，深深鞠躬。钱如雪再次双手掇起付浩声，也呵呵笑了。她亮起了嗓子，也念了几句京剧《天马关》的道白：'兄弟呀，但看那窗外，秋高气爽，雁阵成行，你我二人，乘此兴趣，何不到那街中，寻一处热闹酒家，痛饮一番，以壮行色呢。'付浩声昂然念白：'大姐呀，此言甚合我意，来来来，你我二人上马，前去饮酒是了！'"

"钱如雪唱了：'八月中秋天高爽。'

付浩声接唱：'长安道上马蹄忙。'

钱如雪唱：'兄弟携手四下望。'

付浩声唱：'寻一处酒家咱们醉一场。'

四句唱罢，钱如雪与付浩声注目相视，登时都大笑起来。爽朗的笑声跌宕，震得屋宇萧萧作响。"

这段对唱表达了作者浓烈的感情。这两个主要人物以当行本色联袂演唱，即兴抒情。戏曲与人物形象完美融合，既展现了二人恣意潇洒、豪迈豁达的气度，又表现了他们热血、无畏的情怀。整体氛围一如戏文中所描述的，畅快、潇洒，秋高气爽，精神相通，很好地表现了两人捐弃前嫌后对彼此的高度认同。这段戏曲运用，在情节上也是很好的伏笔，为下文钱如雪的悲壮之死做好铺垫，使美的毁灭更具有震撼人心的力量。

小说中的其他人物也多与戏曲相连。当徐飞扬处于极度危险之中，必须当机立断、马上离开保定时，作者却"紧拉慢唱"，让徐飞扬"忙里偷闲"到知己赵元初处饮酒话别，席间，乘着酒兴请唐行一唱一段，以壮行色。唐行一曾向付浩声学过唱戏，他所唱的"葡萄美酒夜光杯，将军欲饮马上催。醉卧沙场君莫笑，古来征战几人回"是唐代诗人王翰最有名的边塞诗。唐行一的这段戏曲苍凉雄壮，将原诗所表现的军情紧急、征战沙场、视死如归，与此时三人的处境完美结合在一起。他们不属于自己，都属于自己的国家或所追随的信仰。尤其是徐飞扬，自此一别，书生戎马，要奔赴自己另外的战斗岗位。因此，这段戏曲将三人的豪气干云的气势表现得淋漓尽致，有力地烘托和渲染了离别的氛围与诀别的悲壮。

四、利用戏曲抒情

《大舞台》中，有张宗民的亲信、随行号手扈天明和梅天凤来张宗民坟上祭拜的情节。扈天明是一个不善言谈的人，也是个女扮男装的"花木兰"。她内心有对张宗民的崇拜和爱慕，但她不能言明，尤其是在梅天凤面前，因此她丰富的内心世界和强烈的情感只能借助戏曲来表达。当梅天凤说"大哥呀，我每年都会来看你，天明我每天都守着你。你不会寂寞"时，触动了扈天明压抑在内心的复杂情感。她突然唱起西河大鼓："八月十五收秋忙，忽听的山道上人声响，抬起头来举目张望，原来是抗日的队伍下了山岗，头前走的是张司令，高头大马亚赛关云长，在后跟一匹大白马，上坐着威风凛凛的参谋长。参谋长，本姓唐，神机妙算亚赛当年的诸葛亮……"这段西河大鼓是扈天明自编自唱的。扈天明是一个具有传奇色彩的女。她假扮男子，以战士的身份跟随张宗民多年，对张宗民既有绝对的信任和崇敬，又有女性对男性基于敬意而产生的爱慕。但她无法公开这段情感，因为她深知张宗民苦恋梅天凤，所以只能将复杂、深沉的感情寄托在为张宗民守坟的行为和西河大鼓唱段中。这段西河大鼓把他们共同的豪情天纵的抗日经历、多年的艰苦患难、曾经的美好过去、斩不断的儿女情长综合而含蓄地表现出来，委婉地抒发了她难以言传的、复杂幽微的感情。

　　除了《大舞台》，谈歌其他作品中也多有借戏曲抒情的精彩情节，如《绝唱》结尾处。戏曲艺人宝立误会同行李小童多年，最后才明白李小童是用心良苦、引领自己艺术精进的大恩人时，后悔不已的他赶去寻找李小童的坟墓，但苦寻数日，竟找不到。那天夜里，他在河边闷坐，唱开戏文："白水茫茫无影踪，眼见得生生死死恨煞人，青山绿水何处寻？我的官人啊……"这段戏文寓情于景，充满诗意。白水茫茫、青山绿水，正象征了宝立无尽的愁绪，抒发了宝立凄绝无助、遗憾和痛苦的感情。结尾处"暗夜中，一条船缓缓远去了。只有余音袅袅……"则使故事在有限的篇幅中尽显余味悠长。

　　《票儿》中，票儿和张越明这对多年不见的生死兄弟，再见面时居然是诀别，往事历历在目，却一时难以言表。这时，作者引用了一段戏词："兄长上马两泪淋，叫人难舍又难分。流泪眼观流泪眼，断肠人送断肠人。"这段戏词用默默流泪相望淋漓尽致地展现了两人诀别的场景。此时无声胜有声，借戏词恰到好处地传达了他感伤无奈、肝肠寸断的情感。

第三节　创作戏曲小说

　　谈歌擅长在小说中融入戏曲。不仅《大舞台》如此，在其他小说中也屡见不鲜。尤其在《城市票友》《绝唱》《单刀赴会》《穆桂英挂帅》《秦琼卖马》等小说中运用得最直接，创作了典型的戏曲小说。

一、以戏曲艺人、戏曲评论为核心

　　之所以称其为"戏曲小说"，是因为这些小说基本上是以戏曲艺人、戏曲表演艺术家或戏曲票友为核心人物，并通过大段戏曲讨论来表现人物心理或者以戏曲情节暗示和推动小说情节发展。外在表现上最明显的就是，小说中出现大量的戏曲唱段名字，如《战华山》《长坂坡》《风尘误》《赵氏孤儿》《单刀赴会》《沙家浜》《穆桂英挂帅》《秦琼卖马》《定军山》《奇冤报》等。就短篇作品而言，《城市票友》中更多，出现了《鱼肠剑》《钓金龟》《空城计》《淮河营》《战太平》《武家坡》《借东风》《空城计》等十来出戏曲唱段。

　　谈歌不仅在小说中提到这些戏曲唱段和戏曲人物，而且在行文中融入了自己对戏曲的深刻、独到的见解，并对相同唱段的不同艺术处理、不同演绎有着精警的认识。这是他出于骨子里的热爱，是不由自主的选择和信手拈来的从容。

《穆桂英挂帅》中，满腹经纶、饱学多识的知识分子张力之与戏曲艺人庞加元一见如故，结为知己。其中有一段关于文化功底对戏曲的重要意义的谈话。张力之听出庞加元虽没有进过高等学堂，却饱读诗书。对此疑问，庞加元解释，是父亲教导督促的结果："他讲，台下若无书底子，台上那戏也唱得浅薄无力。比如《穆桂英挂帅》这出戏，若是不明白北宋时期边关军务是如何紧急，便不会知道穆桂英挂帅后，那肩上的沉重啊。我也听过有些角色的唱腔，他们大多唱得轻飘，唱得穆桂英取了帅印之后，并不是多么忧心忡忡，而是欢欢喜喜，急切着去为杨家建功立业呢。这就不对了嘛。设身处地想想看，自古沙场之上都是血流成河，天下如果不是无奈，谁愿意去打仗呢？穆桂英挂帅是被逼无奈，她并不是战争贩子啊。"这一番论述表现了戏曲大师庞加元深厚的文化功底和对戏曲内容的深刻理解，道出了他在争奇斗艳、各逞风流的名角角逐中立于不败之地的原因，更体现了作者的独到认识。谈歌善于将人物放到特定的时代和历史中去把握，借助小说人物之口巧妙地传达自己的观点，从新的角度去评价和探讨戏曲《穆桂英挂帅》的艺术表现。

二、以戏曲故事搭建小说叙事框架

谈歌小说以戏曲故事原型搭建小说叙事框架，用戏曲故事象征和隐喻主人公的人生历程。如短篇小说《秦琼卖马》，本身就是以经典戏曲唱段命名的。京剧《秦琼卖马》又名《天堂县》《当锏卖马》，所讲故事出自《隋唐演义》。主要内容是：在济南府当差的山东豪杰秦琼受命到潞州办事，不幸染病，盘缠用尽。无奈之下，他将心爱的黄骠马拉去卖。后遇好汉单雄信，二人结为莫逆之交。

《秦琼卖马》讲述的正是像秦琼一样暂时处于困境的戏曲大师王超杰。他被誉为北方铁嗓，专攻老生。除戏曲外，他平生最喜好收藏官窑彩瓷，凡遇喜爱，不惜重金，据为己有，才称心如意。家中收藏几十件宋元明清的官窑彩瓷，皆是多年精心搜寻而来。这部分叙述得不显山露水，等后文中"赝品"出现时，读者才会恍然大悟。了解到王超杰本是性情中人，因心性单纯被人欺骗。小说出场时的王超杰因病不再登台，家境衰败，无计可施，来保定变卖瓷器，由此结识杨成岳。二人交往中，王超杰唱了《秦琼卖马》。杨成岳对这一段戏文有评价："珠泪洒下，比两泪如麻好。王先生改得好，唱得也字正腔圆。小武兄的胡琴托腔，过门严丝合缝，悦耳啊。只是唱得稍稍悲凉了些，壮气不足。秦叔宝盖世英雄，一时落魄，壮志不减才对。"

杨老板对戏文的评价中肯合理，这也是二人能够深交的基础。但对"壮气不足"的评价，王超杰不以为然："杨老板真是研究到家了。只是秦叔宝到了那时，真是一分钱难死英雄汉，壮志不减也得减了。那店家追在屁股后边讨账，秦叔宝还能有什么壮气？如果真要是唱出壮气来，那岂不是傻气了吗？那时他毕竟不知道后边单雄信能够出来啊。"此处通过人物之口，道出了谈歌对该唱段的独特理解和评价，言为心声，将人物的处境、命运与唱腔、感情结合起来进行分析，很有见地。王超杰落魄卖收藏堪称"秦琼卖马"。后文，杨老板自愿高价收购王超杰的赝品，相当于好汉单雄信的雪中送炭。小说不是将简单的戏曲元素融入，而是按戏曲结构来安排和构建小说情节。

　　总之，谈歌的小说充分融入了戏曲元素，甚至有些小说堪称"戏曲小说"。他的小说包含了更多戏曲文化的魅力、更丰富的人文精神。这些戏曲元素在小说中有诸多妙用：或者推动小说情节发展，或者塑造人物形象，或者烘托渲染氛围，或者更淋漓尽致地抒情，抑或者结构整个小说。而且，戏曲与小说的有机融合也充分显示了谈歌小说技巧的纯熟，反映了他的兴趣爱好和扎实的戏曲修养。

第十二章

小说中的保定地域文化

第一节　地域文化景观

保定是我国的文化古城、燕赵文化的重要承载地，是国家级历史文化名城，至今已有三千多年的历史。这里有众多的民间艺术、民俗文化、红色文化。作为一个文化符号，保定丰富的地域特色在谈歌的小说中有充分地体现。

一、地理位置、自然风景

谈歌在小说中，主要展示了保定及其周边各县的地理和自然状况。小说《大舞台》《票儿》中都详细介绍了保定的地理位置、自然环境，其中的主要人物及其活动地点都在保定。甚至《大舞台》一开篇，就直接介绍了保定的具体位置和详细的坐标定位。

二、街道、店铺等市井生活景观

谈歌在小说中详细介绍了保定的街道及其历史沿革，具体介绍了西大街、东大街、秀水街、双盛街等，其中对西大街的介绍最为详细。因为西大街是一个商业闹市，兼有衙署、学府、祠堂、民居建筑，最能体现保定街道的历史和文化。西大街的商业文化丰厚，这里是保定书法艺术的汇展处，汇集了很多名人的书法。当年西大街众多老字号的商业牌匾多是名人题写,如"恒泰茶庄"由华世奎题写,"乐仁堂"由冯恕题写,"立己人"由甘绵羊题写,"西德记茶庄"由朱春年题写,"万宝堂"由李鸿章题写,"直隶书局"由刘春霖题写,"稻香村"由张诗言题写。另外,还有直隶总督方观承为"德昌茶庄"题书、潘龄皋为"中兴帽庄"题书等。这些书法艺术为西大街的市井文化、商业文化增加了历史内涵。小说中重点介绍了街中店铺以及与此密切相关的商铺牌匾、书法作品。谈歌借助这些店铺历史和制作工艺等专业知识,很好地表现了保定地域文化。

《大舞台》中,讲到清末民初保定城的一道独特"风景"——"小跑儿"。关于这个市井生活现象的来历,在后文将有专门叙述。这是保定的城市特色,与保定城市的发展和商业的繁荣密切相关。"小跑儿"联系了保定历史中的政界名人,也与小说中重要人物形象的塑造密切相关。"小跑儿"也是民国年间保定独特的地域性的体现。

三、地标建筑、文化遗迹

谈歌小说中多是非常有历史感的地标建筑和文化遗迹。它们不仅能直接展现保定地域特点,而且能够体现保定的历史悠久和厚重博大的文化底蕴及文化传承。比如《大舞台》中的保定军校、大舞台、大慈阁、总督署、大旗杆、老马号、曹锟公馆、南河坡、保定莲花池等。谈歌以纪实性的笔法,展示和介绍了这些地标式建筑的前世今生,体现了其深厚的历史底蕴和文化沿袭。

小说重点讲述了保定育德中学这所历史名校。育德中学旧址在保定市裕华路北。清光绪三十年(1906年)以讷公小学址建成,

1917 至 1920 年，育德中学设立了留法勤工俭学高级预备班，办了四期。学生来自全国十七个省。刘少奇、李维汉、孙犁等人曾在此就读。

小说重点介绍了保定军校，即保定陆军军官学校，这不仅是出于小说历史背景的需要，更是人物形象构建的需要，同时是展现史诗风格、营造历史纪实感的需要。保定军校是中国近代史上第一所正规军事学校，具有重要的地位，其前身为清朝北洋速成武备学堂、北洋陆军速成学堂、陆军军官学堂。由此，可见其历史悠久、资历深厚。更重要的是，小说中的主要人物与军校都有密切关系。小说中最惊险的情节，如处决虞世通、偷袭日军的军需仓库等也都发生在保定军校旧址。因此，保定军校成为小说主要地形图的核心。

小说还介绍了保定的著名文化遗迹——大舞台。保定大舞台最早为"水社"，即官认民助的城市消防组织。水社地处保定火神庙北边，始建于清咸丰初年。光绪初年（公元 1851 年），水社最大的股东姓梁。梁家水社败落后，水社所辖各商户股东集资，在水社与火神庙的旧址建立了砖木结构的戏园，舞台宽大、设备齐全，取名"大舞台"，这也是小说《大舞台》命名的原因之一。大舞台，即保定建成最早、规模最大的一座商业性剧场，主要用来接待一些外埠的河北梆子戏班。小说中的主人公梅三娘、付浩声等艺人都与大舞台密切相关，其活动场所也以大舞台为主。

小说还提到了大慈阁的青铜鼎。大慈阁是保定一处著名古建筑群，位于今保定市裕华东路，始建于南宋宝庆三年（公元 1227年），占地 1600 平方米，通高 31 米，坐北向南，歇山布瓦顶，重檐三层，底面阔五间，进深三间，登临三层阁楼，可鸟瞰保定全市景致，有"市阁凌霄"之美誉，名列"保定八景"之首。大慈阁最引人瞩目的文物，就是秦汉时代的青铜鼎。此鼎重八百余斤，为元代蔡国公张柔贡献，为镇阁之宝。小说中的这些介绍性文字，不亚于导游词，引游人前往观赏。

总而言之，这些著名的地标建筑和历史文化遗迹，除了《大舞台》，在其他小说中也大量出现，有助于读者直观感受保定的地域文化特色、了解保定的名胜，触碰保定深厚历史，品味丰富文化。

第二节　人文风俗

民以食为天，饮食不仅能满足人们的生理需求，而且因其丰富的文化内涵，在一定程度上满足了人们精神层面的需求，从而形成丰富的饭食文化。饮食风俗，正是这种饮食文化的现象化表现。这在谈歌小说中多有体现。

一、饮食风俗

我国幅员辽阔，各地区、各民族的饮食习俗，五花八门，各具特点。钟敬文在其著作《民俗学概论》中，对日常食俗、节日食俗、祭祀食俗、待客食俗和特殊食俗等进行了整体性介绍。[1] 谈歌小说中的主要地域，是以保定为代表的北方地区。长期的历史文化积淀，使保定菜逐渐形成自己的特色并兼具多种风味，无论菜肴、小吃还是主食，都具备了一定风格和知名度。

（一）饭店酒肆、名菜佳肴

保定名店众多，遍及城内四关。《大舞台》中讲到《保定市志》的记载：抗战前，保定有饭店饭庄137家，从业人员1537名。名

---

[1] 钟敬文.民俗学概论 [M].上海：上海文艺出版社，1998:74.

店有"十园"（如聚丰园等）、"十馆"（如两益馆等）、"五楼"（如义春楼等）、"五春"（如望湖春等）、"五轩"（如双和轩等）之说。经营品种近700个，做工精细，风味独特。在小说中，这些饭店饭庄不仅是重要故事发生的地点，而且集中展现了保定民国以来的饮食特色，具有独立的文化价值。

保定饮食文化发达，还表现在烹饪技艺大有发展、名菜五花八门。小说中展示了"油炸菊花鸡"和"刀削面"的烹饪技艺，还虚构了擅长烹饪、精于美食、专门研究厨艺的传奇土匪杨大友。此外，小说中出现的大量的普通市民日常饮食的处所，也体现了一种市井风情和民间习俗。

（二）特色饮品

谈歌小说中除了介绍酒肆饭店、名菜佳肴，还介绍了许多特色饮品，主要是茶和酒，并讲到了相关的分类和制作工艺等。《大舞台》中就讲到了保定的饮茶、茶馆与其中的文化讲究。自明清两代开始，保定茶馆一律为京式经营，品茗与欣赏戏曲或曲艺相结合，顾客一边品茶，一边听戏、评书或西河大鼓，沉浸于悦耳与饮啜交融的韵味中。保定茶馆虽多，顾客却只喝花茶、砖茶，比较单调。还有一种"面茶"，是保定特产，用花茶或茶砖与芝麻、花生仁及一些中药如陈皮、甘草、黄芪、枸杞等，加盐捣烂，开水冲饮，对重体力劳动者十分适宜。这样看来，茶馆即是市民休息与享受的文化场所，且茶水价钱合适，颇受民众欢迎。

《绝怪》开篇，讲到了保定饮茶风俗，并对茶楼茶馆进行了分类讲述："保定人大多嗜茶，于是茶楼茶馆就多。上等饮茶处如东关的'春义茶楼'、南大街的'仙客饮'，每日早晚，饮者如云。大多是城中豪绅富商在此谈生意或者闲叙。城北门外沿护城河，有许多茶摊儿，便是最下等的饮处了。"这段文字讲述了保定民国年间的市井生活，凸显了保定交通要道的特殊地位，这也是保定人口流动多、商贾多、饮食发达的重要原因。

谈歌小说中的饮品，除了茶，还有酒。酒与茶是两种气质、两种精神的外化。小说中有许多与酒相关的内容，其中的酒均为保定酒，最常提到的是保定直隶烧锅酒、刘伶醉酒，还有顺平枣酒。直隶烧锅酒，是中国白酒酿造史上重要的文明成果。因为酿造烧锅酒需要消耗大量的粮食，所以对于烧锅的酿造与开设，清朝政府留下了众多法令和政策，均具有重要影响和知名度。

刘伶醉酒是徐水名酒，至今已有千年历史。据《徐水县碑志》载，刘伶常"借杯中之醇醪，浇胸中之块垒"。刘伶乘兴著骈文，《酒德颂》，其中有言道："捧瓮承槽，衔杯漱醪，饮此美酒，无思无虑，其乐陶陶。兀然而醉，豁然而醒。静听不闻雷霆之声，熟视不睹太行之形，不觉寒暑之切肌，利欲之感情。"刘伶死后葬于徐水遂城，其墓至今尚存，为河北省文物重点保护单位。刘伶醉酒，在《大舞台》中有重要体现。

枣酒，在谈歌小说中出现的频次最高，而且在《大舞台》中也有专门介绍。保定以西完县（今顺平县）、易县、唐县、曲阳、阜平等十几个山区县，均以枣酒出名。烧锅遍地，酒幌招摇，为枣酒之乡。大字号有"十里香""甜透心""老枣窖"种种。清代《枣酒谱》一书还绘制了保定枣酒的分布图。由此可见，枣酒在保定之盛，可谓旧时保定民众的王牌饮品。

小说重点介绍了孙氏烧坊及其品牌产品"老枣窖"，并由此引出重要人物梅立春的丈夫孙馀鑫。孙馀鑫酿枣酒的手艺是家传，家中酒坊长年不熄火。为了显示小说的纪实性，谈歌还专门引用《保定市志》的记载：三十年代，孙氏烧坊出品的"老枣窖"，北平天津都有热卖。文献《孙氏烧坊》讲述了枣酒的制作工艺：五次发酵，六次蒸馏。熬过十个月，再埋进大瓮里贮藏，藏时少也三年多则十年以上。酒浆圆熟之后，再由酿酒工匠按照不同口味勾兑调配，之后再封存，使其甘洌、威猛，力道更驯服且醇香。一年之后，便开大瓮，装小坛，上市。这套程序贯穿下来，动辄十几年。《保定市志》《枣酒谱》《孙氏烧坊》等一众文献的引用，给小说平添了真实、可信、严谨的色彩。不仅如此，谈歌继续"造势"，用叙述者和作者相融合的口吻，讲述亲自采访烧枣酒老工匠的经过，并解释了保定枣酒出众的原因：完县、唐县、曲阳一带的天时地利最占上风。它的坡沟谷地、风雨土壤，甚至连潮润的空气，也暗中帮衬。肉眼无法看到的微生物，造就了这一带枣酒的力道浓厚、细腻饱满、空杯留香的风格，颇有一种"舌尖上的中国"的味道。这使得枣酒成为当地的文化记忆，饱含一种浓浓的乡愁。

《大舞台》中，多处写到枣酒：一是梅立春和孙馀鑫夫妇用孙氏酒坊制造枣酒来维持生计。二是借甄广宁之口解释了"绍兴的黄酒如谦谦君子，山西的汾酒似凶猛光棍，保定的枣酒像美艳泼妇"。"黄酒么，喝到最后，仍然彬彬有礼，不瘟不火，不是谦谦君子是什么？汾酒么，力道十足，凶猛非常，饮者若无体力，必定降服不了。不是光棍是什么？枣酒么，初饮时，美艳无比，飘飘欲仙，喝到最后，即变如泼妇当街使性子，纠缠不休，让人头疼呢。"这好比鲁迅小说中人物喝的酒，就应该是花雕之类的黄酒，下酒菜则以茴香豆和熏鱼头为佳，否则可能会感觉不伦不类，道理即在于人物性格、环境氛围和饮食选择之间要有一种微妙的和谐。

这段话把饮枣酒的感觉和每一个层次的感受结合起来，细腻灵动。谈歌是顺平人，颇了解当地人的性格和民风，韧性、狂野和剽悍，酒和人的性格相符。谈歌对枣酒也情有独钟，并且将枣酒入诗。"大寒饮枣酒，小聚迎立春"就颇为鲜明地体现了他注重节气和不同节气中的饮食习惯。由此可知，生活中的谈歌与枣酒密不可分。

（三）特色小吃

谈歌小说中涉及很多保定特色小吃，如白运章包子、老保定面馆的刀削面、驴肉火烧。

白运章包子是保定名吃。白运章包子铺在保定也是百年老店，主要经营清真风味，以牛肉包子和羊肉包子为主。《大舞台》中讲到保定警备司令赵元初要在保定召开全国首届杂戏魔术大赛，他对河北梆子剧社开出的条件是："不给钱只管饭。唱好了，大家放开肚皮吃白运章的牛肉包子、羊肉包子。唱不好，只给吃窝窝头喝稀粥就咸菜。"可见，白运章包子不是普通的日常小吃，而是颇具名望的，对一般人或底层艺人而言是上好的吃食。之后，又有多处提到白运章包子。最有名的就是，大力士曹正汉吃白运章包子和让"小跑儿"赵小龙去给自己买白运章包子。

小说还重点讲述了老保定面馆的刀削面。位于保定西大街的老保定面馆和掌柜连鹏在小说中多次亮相。其中讲到了连掌柜刀削面的技术："和好的面粉（面与水的比例为5:2）揉成前小后大的圆柱体，之后托在头顶，双手执两片面刀，开始削面。面刀为弯形，四长短，三寸宽，为洋铁皮开刃制成，但见连掌柜双手运刀如飞，那被削出的薄薄的面片，便在空中欢快地飞舞起来，细看那面片，中厚边薄、棱角分明、状如柳叶，如被风儿吹落般飘入沸腾的大锅里，削面在锅中翻滚两个跟头后，便捞出盛碗，拌食为连家的特制佐料，为肉炸酱、葱花、香菜、黄瓜丝、碎花生米等。"为了配合展示连氏刀削面的绝技，谈歌同样用了"查阅文献法"以证明其真实性。《保定食谱》记载，连氏制作刀削面的技术要诀是："刀不离面，面不离刀，手眼一条线，一棱赶一棱，平刀出扁面，弯刀出三棱。"

刀削面是典型的保定小吃，但有大讲究。"一会儿的工夫，几大碗热腾腾的削面端上来了，随之端上来是羊肉卤、牛肉卤、猪肉卤、蔬菜素卤、白菜丝、胡萝卜丝、白萝卜丝、黄瓜丝、煮黄豆等菜饵，香菜末、蒜末、葱段、蒜片、姜丝、辣椒酱、炸面酱、香醋、酱油等佐料，端的是一应俱全。"小说中的刀削面做到了"极致"，用现在的话说，一个普通小吃做成了吃不起的样子，浓墨重彩地体现了老保定特色，为家乡小吃"代言"。

与老保定面馆相反，小说中讲驴肉火烧的情节充满幽默气息。方千明的弟子为了讨好几位魔术艺人，特意请他们吃保定名吃驴肉火烧。然而他们夜晚腹泻不止，为此方千明派人请来医生马凯旋。马凯旋将医理与饮食理论结合给予解释："驴肉火烧虽然美味，却是大热之物。举凡驴肉火烧店，为何奉送成制的芥菜佐餐呢？芥菜性寒，只是为了减去驴肉的火暴性子。你这几位朋友，没有吃芥菜，只用了腌辣椒佐食。他们却不知道，腌辣椒虽少了灼人的味道，却把激烈的性子暗中埋伏了。若与性热的驴肉相遇，辣椒那灼人的劲道必定死灰复燃。相辅相成之际，又助长了驴肉的热度。方先生想呢，这两下里合，得多大的热量呢？你这几位朋友，只顾吃得上口解馋，肚子里却是抵挡不住。大热至极即至大寒。"这段讲解平和中肯，符合马凯旋名医身份。谈歌借助马凯旋之口调侃和模仿了《舌尖上的中国》的神韵和趣味，将驴肉搭配辣椒之说制成一段"解说词"。从中，可见谈歌诙谐幽默的游戏心态，小吃还讲出了一种人生哲理和境界，颇为有趣。

二、文娱活动

谈歌小说中写了许多民间的文化和娱乐活动，如踢毽子、放风筝、丢沙包、抽地牛，还写到保定武馆、易水砚的制作和诸多的民间戏曲。

《大舞台》中，写到保定踢毽子的传统体育活动。传统毽子一般用美禽类羽毛和金属钱币制成。谈歌习惯使用考据的方法，对娱乐活动的历史文化进行深挖。毽子源于汉代，盛行于南北朝与隋唐。保定盛行此项活动，坊间传说缘于明代刘伯温。他在保定微服考察时，发现许多老年人多患寒腿症，心下慈悲，于是教授了一些老年人踢毽子，以此锻炼健身，效果很好，逐渐风行。沿袭到清代，毽子的制作与踢法都达到空前。民国年间，保定还有了专门制作并出售毽子的商铺。《保定志》中，记有朱家花毽与杨氏毽子两家，并记有保定踢毽儿歌伴唱踢法，即"一锅底，二锅盖，三酒盅，四牙筷，五钉锤，六烧卖，七兰花，八把抓，九上脸，十打花"。

此外，小说重点讲到了文化用品易水砚及其制作工艺。易县是中国古砚之乡，盛产中国四大名砚之———易水砚。奚月明是易水砚制砚手艺的传人。易县城里有奚家的制砚作坊，保定西大街有销售奚氏砚台的店铺。砚台是大众日常文化用品、案头必备之物。奚家的砚台虽不是畅销的抢手货，却是长销不衰的案头文具、保定文化市场的知名品牌。小说中不仅插入叙述了砚台文化，还指明了奚氏易水砚在保定文化品牌中的重要地位。在小说情节的推动上起到了事半功倍的效果。

　　总之，谈歌小说中扑面而来的保定地方特色，不但呈现了保定的地理标志、自然景观，而且展现了保定的民风民俗和饮食文化，都带有浓郁的地方特征。

第十三章

小说中色彩的
运用

第一节　设色规律的讲究

谈歌有一定的绘画修养，他的小说对色彩运用也比较讲究。无论在《家园笔记》《票儿》《大舞台》，还是在白玉堂系列悬疑推理小说中，都有较多的运用。《绝士》中，色彩的运用更是纯熟精道、酣畅淋漓。

一、选用纯度较高的色彩

色彩源于自然界，所以描绘自然景物通常会运用色彩。自然景物本身具有丰富的色彩，在光的影响下，千变万化。而谈歌能从世间万物错综复杂的色彩中抽出最突出、最显眼、最富视觉冲击效果的色彩加以运用。他的小说对色彩的运用往往删繁就简，主要选取纯度较高的色彩。纯度，指"色彩鲜明程度，也称饱和度，色彩混合的数量越多，它的纯度就越低"[1]。以红色、黑色、白色三色为主，其他色彩则被忽视、省略或作为底色。在他的绘画作品中，蓝色运用校多，这与试图表现的审美对象的特点和作者赋予审美对象的情感有关。

"在绘画艺术中，为了使欣赏者对所要着重表现的主题或形象

---

[1] 杨滟君，石春爽.形态构成·色彩 [M]. 沈阳：辽宁美术出版社，2008:2.

引起审美的高度注意，画家就必须赋予形象以特殊或突出的色彩，以便强调它的主体地位，从而吸引欣赏者的目光，激起观看的兴趣和强烈的想象，引起审美兴奋。与此同时，其他场景、形象等则要以较弱的姿态出现，它们的色彩纯度、明度则相应要弱许多，才不会起喧宾夺主的作用，从而产生一种烘托效果。"[1]谈歌曾经学过绘画，自然深知此中道理。巧妙的是，谈歌将这种构图用色融合在小说艺术中，在他的小说有多处运用了这样的设色规律。

二、运用色彩暗示或表达深意

谈歌小说中为数不多的几处自然环境描写，寄寓了作者的巧思并被赋予了深意。以《绝士》为例，谈歌首先突出了夜晚和夜色的黑。很多与神秘和阴谋有关的事情，如跟踪、暗杀等都是借着浓黑的夜色展开行动，借助大块的、整体的、铺天盖地的黑色突出和预示一种不祥之感。小说中，与夜色结合非常密切的一类人物是黑衣蒙面人，即秦王的密门和密报。他们行踪不定、神秘诡异，到各国为秦王收集情报、铲除异己，给人以冷峻和深邃的黑色，与他们隐秘的身份非常匹配。谈歌以黑色为主色调，既展现了人物行动的自然环境，也暗写了秦王暴政之下的压抑的社会环境，更渲染了神秘恐怖的氛围。

三、运用色彩描写环境渲染氛围

小说还运用相对明亮的色彩来描写自然环境、渲染氛围。谈歌小说中的自然环境，除黑夜外，多是明亮、耀眼、震撼、刺激的颜色，总是带着汩汩的生气和力量。《大舞台》中，"清冷的天空，圆

---

[1] 刘柯 . 张爱玲小说中的色彩意象 [D]. 苏州：苏州大学，2006：10.

圆的月亮惨白着一张脸，缓缓穿过了云层"，这是衬托赵元初被误杀后，马凯旋、季钧、梅可心等人的愤怒和无奈。《绝士》中，用白色写雾的朦胧和压抑以及看不到前途；用与之相近的银色写月光："月亮圆圆的升上来了，像一面银色的风筝。"《案中案》中，如"如银似水的月光下，悦人客栈显得十分神秘而幽静"。其中，银色与白色接近，在白色的纯洁、空灵中夹杂着一丝忧伤和凄凉。这些色彩展现了故事发生的自然环境，有效地烘托了北国秋色的澄澈高远，还有一种萧瑟和孤独悲凉之感。

《家园笔记》中的夕阳更显悲壮。如"铁红的太阳渐渐烧化了，似一汪红红的颜料，软软地流向幽幽的山谷。黄昏如血"。又如，"那是一个秋天的傍晚。远远望去，残阳如一注鲜烈的活血泼上古城墙，将这一段多年失修破败了的古城涂抹得血迹斑斑"。这一处处环境描写带有浓郁的惨烈和悲凉之气。作为军长的二舅和副军长焦难先就是在此情此景之下，站在颇具悲壮感的古城墙上商讨他们的前途。他们在进退失据的困顿中仍然坚守原则，困兽犹斗、誓死不屈，亦有一股明知不可为而为之的悲壮。

第二节　色彩意象的独特表现

色彩作为一种自然存在，是自然事物重要外在形象的展现方式。但色彩无法独立存在，必须附着于事物形体或与形体融为一体，才能更生动立体地表现。因此，用色彩可以更细腻地描绘自然环境，展现人物活动的背景。但是，纯粹色彩与自然事物和小说文本中的色彩与自然事物有所不同。因为作者在进行文学创作时，已经将"自然的色彩，在内心化为整个艺术世界的组成部分""已经经过提炼和升华构成精神沉于物质的'第二自然'，或称之为人化的自然"[1]。

一、黑色意象

谈歌小说注重融入色彩心理学的理论。色彩心理学就是色彩作用于人的视觉时，感应于整个人体机能，除了表面的视觉效果，还包括深层次的心理机制。这种色彩感一旦形成，就成了约定俗成的规则，具有一定的稳定性，比如黑色让人恐怖、红色代表激情，白色则有更多纯洁之感等。

《绝士》中，黑色与自然事物结合在一起，形成三个主要的黑

[1] 孙中田. 色彩："自然之光"与"艺术之光"[J]. 社会科学战线，2007(06)：100.

色意象，分别是黑色棺材、黑色骏马、黑色旗帜。

（一）黑色棺材

《绝士》开篇，单刀直入："院内摆着七口黑色的棺材。"这种布局似乎非常突兀，给人一种恐惧而又神秘的情境。谈歌在其他小说中，也多处写到黑色棺材，尤其是带慷慨、悲壮、激昂的英雄之气的历史小说。《案中案》中出现的棺材，无一例外，都是黑色的。棺材当然也可以有红色、黄色的，但于细节处，谈歌更注意精益求精。黑色，显然带有更多深邃、凝重之感。在这里，他充分运用了色彩心理学，用黑色有效地营造了一种沉重、严肃、压抑、恐怖的氛围。

（二）黑色骏马

《绝士》中，高渐离的坐骑是一匹黑色骏马，凸显了作为密报的高渐离的英武冷酷和理性沉着。黑色骏马俨然是高渐离的化身，与另一个主人公荆轲的白衣白马形象形成鲜明对比，也与后来高渐离一袭红衣、一头黑色绸缎般的秀发形成鲜明对比。

（三）黑色旗帜

黑色，是秦国的象征。东汉历史学家编纂的《汉书律历志》中讲道："今秦变周，水德之时。昔文公出猎，获黑龙。此其水德之瑞。"由此可知，黑色是秦国的国色，黑色旗帜象征秦王和秦国的文化。《绝士》中，这样描写旗帜，如"无数面黑色的旗帜竞相飘舞，黑色长蛇一般涌动，傲慢地撕扯着风，发出一种无声的嘶吼，形容不出的激越和傲慢融进了这黑色"。又如，"黑色旗帜如刀，刀锋上呈现一种让人能感觉到暗血的黑红"。在这里，黑色综合表现了威严、厚重、暴力、英雄气质等诸多特点。用黑色旗帜写出了秦王、秦军的激越傲慢、沉着大气，为后来荆轲在行刺秦王的关键时刻产生矛盾心理做了铺垫。

二、红色意象

谈歌运用较多的色彩中，第二种是红色。红色稳定性高，其坚定的色彩不易被周围色彩所左右。红色是热烈和悲壮的结合，常与激情、鲜血、生命联系在一起。

（一）殷红的血

红色，首先指鲜血的殷红。红色象征着流动的生命，血流尽生命就不在。《绝士》中，"高渐离的筑声突然刚烈起来，断金截玉，如砂似暴，和着易水的涛声，在天地间激越地跳荡。忽然，众人看去，只见田举仰天大笑，笑罢，挥起手中的筑，砸向自己的头顶，登时头破血流，一片赤血雨一般飞溅出来。鲜血如一条赤练蛇般窜动，一头冲进易水，河水中立刻开出了几朵鲜红的水花。"

这里借助红色展现场景，有效地起到了叙事功能，推进了小说情节的发展，同时又与电影镜头相结合，形成一幅幅生动立体的画面，从而塑造了人物的悲壮形象。"按照景别对观众造成的视觉心理压力来讲，类似于近景这样的景别给观众造成的心理压力大、印象深、节奏快，而类似于远景这样的景别给观众造成的心理压力要小，显得舒缓轻松，印象较浅，节奏偏慢。"[1]《绝士》中，田光的以死明志、田举的以死殉情都通过红色来描写，即"血红飞溅"和"赤色雨"，展现的是一种近景特写镜头，给读者留下了深刻印象。

---

[1] 赵世芳.《英雄》中的色彩造型艺术及镜头运动艺术 [J]. 语文学刊，2012(04):99.

（二）女性之美

《绝士》中，红色还专指高渐离。在荆轲与高渐离偶然相遇时，作者运用了温柔明艳的红色来描写自然景物。"只见高渐离红色衣袂飞扬起，像一只鸟儿飞下去了。"红色衣袂像鸟儿一样飞扬，这种轻盈的感觉写出了高渐离为荆轲殉情的从容，是一种极美的意象。高渐离不惜以死为爱人荆轲复仇，其意志坚定、决绝果断，体现了她如钢的意志、如火的热情。所以，红色也是一种精神的代表。

这种用红色表现人物精神的手法，在谈歌其他小说中也有所体现。《家园笔记》中，用红色表现野民岭女子的装束和精神气质。"夕阳泼洒下来，大祖奶变成一个鲜红的血人，旧时野民岭女子衣着喜红。头发前边蓬起，后边用红绸或线绳扎成长髻，形似弯弓。扁簪长八寸许，长簪铜制或银制，附有蛇蝎、蜘蛛、蜈蚣、蟾蜍、壁虎等图形，着以红漆，俗称'五毒花'。耳环每对重约八钱，也均着红色。冬季上衣无领，下身多穿红套裤，扎花裤腿，穿船形尖套鞋，富户人家多为缎面，贫苦人家多为土布，也染成红色。男子也多穿大襟短衣，内穿红腰，扎红腰带。"通过描写大祖奶和野民岭人民的装束，作者既展示了野民岭当地的民俗，又展现了野民岭的民风，体现了野民岭人民剽悍、强势、泼辣、不妥协、不低头的精神。

三、白色意象

谈歌小说中运用较多的色彩，还有白色。白色是所有色彩中明度最高的颜色。如果想增加色彩的明度，最直接的方式就是加入白色。因为白色天然具备一种清洁感，单纯、圣洁。

（一）牵着白马的荆轲

如前文所述，白色除了用于描写自然环境、烘托氛围外，还用于表现人物。《绝士》中，用"张九脸色惨白如雪"表现人物的恐惧。荆轲是作者着意改写、重新塑造的一个历史人物。"荆轲牵着一匹白马。那张白润的脸上泛着暖意，背上有一柄剑，紫色剑鞘，在夕阳下泛着古朴的光泽。"这样描写牵着白马的荆轲，人物形象更为新颖、鲜活。他已不同于历史和传统中的慷慨、勇武的刺客形象，而是一个满腹诗书、精通音律、略备武功、心性单纯的书生形象。他生性洒脱自由、无拘无束；他知大义、懂报恩，重言诺、轻生死，视人格尊严高于生命；他刺秦的动机和过程综合了更多人格、道义、尊严、家国的思考。所以，单纯的色彩、简单的构图和画面能更好地表现了一个人在特定历史之下的壮举。

（二）素服送行

白色可以作为一种极具故事性的画面叙事。《绝士》中，"太子丹府上的人倾巢而出，太子丹身着重孝，在前面引着棺木的索绳，漫天遍地的招魂幡直延到十余里外……士兵们手中的武器都是黑色，而那一群人却是一色的如雪长衫。长衫宽松，飘飘如雪。河边，几个牛一样健壮的士兵竖起了一杆大旗，在河风中扯动，猎猎作响。旗两侧，竖起了百余面高高的白色招摇。漫山遍野，一片雪白，阴郁的天空，白云厚得正紧"。如雪的长衫是白色的孝服，和招魂幡构成一幅白色的画面，与士兵手中黑色的兵器，一起构成一幅黑白分明的画面。这是一个由近景到中景再到远景的电影镜头，传达出一种充盈天地间的肃穆和悲凉。白色也是燕国的象征。太子丹用如此隆重的礼节为荆轲送行，是对荆轲的尊敬，更是一种纪念，借此突出"壮士一去不复返"的主题。

　　总之，谈歌的小说主要运用黑色、红色和白色来描写自然环境，展现背景，烘托氛围，营造意境，构成画面，从而形成一种叙事手法。色彩作为作者思想感情物化的体现，是作者创作构思时筛选提炼后的审美心理印记。这种对色彩自然纯熟的运用，与谈歌的绘画功底分不开，也与他对小说叙事技巧的思索有关：如何让故事更有悬念、更具有吸引力？如何让叙述更含蓄、深刻而不拖沓？这里没有教条式的刻板的叙述技巧，而是灵活自如地吸收运用多种艺术，如绘画、电影等，在叙事和画面之间找到衔接处，即通过色彩形成画面和场景，从而推动情节发展。

第十四章

小说中插叙的
运用

第一节　塑造人物形象

"插叙"，是谈歌有意为之、不断探索的文体特色之一。"插叙"是谈歌在讲《大舞台》的提纲和素材时用的词，属"三分史料、三分演义、三分坊间传说、一分作者插叙"。其中，插叙内容作为小说的重要组成部分。可见，谈歌是有意识地在小说中加入插叙，使插叙内容与小说文本巧妙结合在一起，成为文体上的鲜明特色。

谈歌小说中的插叙内容非常丰富，有即兴的感想抒情、有新闻事实、有人物故事、有具体的文化知识（如掌故、习俗、史实等），还有纯粹的诙谐幽默、插科打诨。谈歌的插叙有不同的作用，也有很好的成效。

一、独立塑造人物形象

《大舞台》中人物众多，作者多插入叙述，以便更好地塑造人物形象，使人物形象丰满。比如，作者在介绍付浩声时，插入了对张冲的介绍。第一段文本是：张冲的发迹史。张冲有个人理想，不想子承父业开酱园，之后热衷于赌博。但他有极好的自控力，在赌博业绩达到辉煌时，居然金盆洗手，改为开赌石店。他胆大有魄力又独具慧眼，认下无人竞买的毛料石，却开出上等翡翠。在赌石做得风生水起时，又改为开戏园。第二段文本是：智存马车的故事。他赴山西与山西酷爱下棋、棋艺出神入化的万财主对弈，定下赌约。此时，张冲获胜，按约赢回马车。实际张冲为棋界顶级高手，之前故意连输两局，把马车输给对方，实际只是找人为自己照顾一个月的马。张冲的思路非常新奇。

第一段文本插入中，作者充分调动了读者的"期待与满足"。小小一个段落充满起伏，先是弃酱园玩赌博，之后弃赌博开赌石店，在赌石最巅峰时弃赌石店开戏园。对人物经历跌宕起伏的叙述，不仅塑造了张冲的志气、激情、大胆，而且突出了他的自控力和理性。第二段文本插入体现了张冲不按常理行事的聪明智慧。通过插入内容塑造了生动的人物形象，所占篇幅不大，也未喧宾夺主。

二、补充塑造人物形象

除了独立塑造非核心人物形象，插叙还可以对核心人物的塑造起到有力的补充作用。如《大舞台》中的核心人物马凯旋。各种错综复杂的人物关系、曲折的经历和诸多斗争，已经将马凯旋的主要框架勾勒清楚。可以说，完成了人物形象塑造。但缺乏一些更细腻、更深层次的个性体现，于是通过插叙来完善。

《大舞台》中，讲述马凯旋参加国民党时，插入了马凯旋自己多年后的回忆："细察我之人生，这或是犯了一个天大的错误。我本是个九牛不回的性格，若做一个医生，这一生或是完整无缺。以此性格去介入'党国'事业，必定要麻烦缠身，万劫不复了呀！"同时，也插入了龙成立对马凯旋的评价："毫无疑问，同窗数年，我发现马凯旋是个具有忠诚品质的人。凡具有忠诚品格的人，才可能成为优秀的特工。做一个优秀的特工，忠诚是第一条件，守纪律，勇于完成任务，在危险和鲜血中没有丝毫的犹豫。但这些远远不够，还要有智慧，还要更加狡猾，需要一个充满活力的大脑，还必须有永远坚强的心态。比如马凯旋。"

作者运用了正面描写和侧面烘托相结合的手法，展现了马凯旋忠诚、勇毅、坚韧、智慧、热血的形象，同时也增加了人物的悲剧色彩。如此完美的人物，因信仰不同最终万劫不复，令人唏嘘、叹惋。而读者如何评判马凯旋，对马凯旋和龙成立的看法是否到位，这也是作者一直重视的问题，即让读者参与文本，进而让读者产生共鸣。

第二节　插入介绍相关知识

谈歌小说中插入介绍的知识非常丰富、占比量大，总体展现了作者的文化实力，也体现了他的旁征博引，行文上能灵活驾驭。

一、插入介绍文化知识

（一）相对生僻的知识

谈歌在小说中插入了大量相对生僻的知识，如《大舞台》中出现的"冲繁疲难"，就是相对晦涩的词语。"冲繁疲难"，是清代为州县制定的类别，以便选拔官吏。交通频繁为"冲"；行政业务多为"繁"；税粮滞纳过多为"疲"；风俗不纯，犯罪事件多为"难"。"冲繁疲难"四字俱全为"最要"之缺。一字或无字的州县为"简"缺。

（二）传统文化知识

隔壁戏，即是口技，是杂戏的一种，是一种仿声艺术。表演者多以幕布或屏风遮挡，模仿自然界与生活中的各种声音，使人听后有身临其境之感。因此，谈歌中插入口技知识，可以起到弘扬传统文化的作用。《大舞台》中，梅天凤和梅可心最擅长口技。张宗民追求梅天凤，带着礼物来提亲。梅三娘不好拒绝，于是让天凤和可心两人在屋里，用口技上演了一出家庭吵架的闹剧。张宗民听后只好尴尬告退。这一段既展现了姐妹二人精湛的口技，也表现了两个女孩子聪明、活泼、诙谐、狡黠、调皮的性格。

小说中还插入了一些颇为有趣的知识来展现南北文化的差异。《大舞台》中，冯大正是保定"大富海车行"的大掌柜。此处，简短插入了"掌柜"和"老板"这两个称呼的区别："《中国风俗》记载：北人对于商铺主人之称谓曰"掌柜"，若"老板"，则为开堂子者之称呼，即龟奴之代名词也。保定亦然。南人初至北方者，往往误呼其所住之店主东为老板，闹出如许笑话，遇激烈者且饱以老拳矣。"

小说中有意思的知识，让我们感受到了中国文化的博大，除了南北文化差异，随着时代的发展变迁，语言的含义也发生了变化，由此体现了作者语言表述的严谨性。

二、插入介绍多个行业领域的讲究和习俗

谈歌在小说中插入介绍了多个行业领域的讲究和习俗，内涵非常丰富。

（一）餐饮行业的讲究

《大舞台》中，插入了很多餐饮行业的讲究。"一堂二灶三账房"是旧时餐饮行业的"认证标准"。饭店生意好坏，主要看跑堂儿，而不是一般人所认为的厨师或账房。由此可见，跑堂儿的重要性。跑堂儿的最需要"三勤"，即心勤、腿勤、眼勤，这是业务能力的综合体现，简言之，就是心眼灵，过目不忘。所有客人点过的菜品能瞬间记忆，准确报出，不仅如此，还要持续记忆，不能混乱，既能点菜报备、上菜斟酒、清理残渣、擦桌倒水、迎来送往、马不停蹄，又要眼观六路、目光敏锐、见识犀利。而能一眼识别出

客人的身份，这就更加不易。因此，一个好的跑堂儿，无疑是饭店活的"金字招牌"。

餐饮行业讲究的插入，解析了其中蕴含的道理和文化。读者既开阔了视野、增长了见识，又充分认识到跑堂儿不是寻常人能干好的，从而对跑堂儿出身的甄广宁刮目相看。正是有了跑堂儿的经历，甄广宁才机警，伶俐，观察力强。

（二）梨园界的讲究

《大舞台》中也有梨园界的讲究，重点插入介绍了"拉手学生"和"写字"。"拉手学生"，就是师傅与学生双方签订合同。学生演出期间不交束脩（学费），上台所需花销，如置头面、做彩鞋等，由师傅负责，合同期间，前几年学生唱戏赚的钱概归师傅；后面以"孝敬"名义，按合同约定师生拆账。所谓"写字"，即经官方盖印的民间契约。在师傅认可学生的前提下，即师傅觉得学生是块戏料、是可造之才时，家长与师傅订立"白契"（区别于"红契"），倘有天灾疾病，各由天命，俗称"写字"。立契约时，家长与保证人同时出席，共同签署。"写字"收下"拉手学生"，对师傅来说，相当于赌博性投资，如果学生学不出来，师傅就要赔本。因此，师傅对学生要求严格，动辄责打，谓之"打戏"。

通过插入叙述这些梨园界知识，读者了解了各行各业都有自己的独特的行规和讲究，由外行逐渐向内行过渡，从而体会到旧时艺人的艰辛，进而加深了对人物的理解——正是付浩声有这样的艰难学艺经历，才有了他现在的体恤宽容的性格和刻苦、踏实的品质。这种品质在略有一些浮躁和喧嚣的当代社会中，对青年读者更有启迪的意义。所以，谈歌插入介绍知识，绝非简单地展示和炫耀，而是在进行知识普及，希望青年从中吸取正能量。

（三）保定特殊行业的讲究

《大舞台》中，插入了"小跑儿"这一民初保定城中独特的风景。"小跑儿"，顾名思义，就是在城中跑来跑去的孩子。这些孩子多是本地穷人家的或外埠流浪至此的。"小跑儿"成为城市特色与袁世凯有关。袁世凯在保定任直隶总督时，看到城内小孩儿乱跑、行乞、聚众抢劫的混乱场景，不仅扰乱市场，还败坏保定名声，便决定安顿他们，让他们当小伙计，替人跑腿传话送信，借此获取报酬。经过规划处理，城内"小跑儿"各自为政、划片吃饭，势力范围明确。这段独特的历史，有助于读者遥想保定当年的繁华闹市，也了解了一些袁世凯的聪慧和作为。

（四）山民的生活习俗

《大舞台》中，写张宗民率部驻扎在百丈岩地区。作者特意插入了该地区的自然环境和生活境况，随着时代的发展，当地民众保护野生动物的意识逐渐增强，山民的生活习俗也发生相应变化，由以打猎为生到以采集药材为主。当地不仅有灵芝、黄芪、黄连、茯苓等，还有名贵药材"鹰粪白"。插入内容对"鹰粪白"的得名、古医方中的记载乃至神奇功效进行了介绍。作者不仅对药物、医书、医理进行了专业的梳理，还对采集"鹰粪白"的技术和动作要领做了详细交代。其采集的艰难程度也增强了小说的可读性。

更重要的是，读者能从中了解了保定城的各行各业和日常风情。在小说情节安排上，这个环节也非常重要。赵元初对失散多年的儿子赵小龙拒不相认，而让他在"小跑儿"队伍中锻炼，培养了他吃苦耐劳、坚韧顽强、机警敏捷的品质，为他日后成一个年轻有为的抗日游击队员做了充分准备。

第三节　借插叙发声

　　小说中的插叙内容，有时是作者不由自主地发声，抒发自己的主观感情，表明自己的态度和看法。

一、抒情和议论

　　《大舞台》中，为了突出唐行一有远见，作者直接插入一段感慨："这世界上有一种人，没进过军校，也没读过兵书，没杀过人，也没摸过枪，可他们天生就会打仗，军事感觉犹如神助。接下来的许多情节里，大家就会看到，唐行一就是这样的人，绝对的军事天才。"这一段插入在于直接抒情，语言严肃、正经。作者借插叙抒发了一种令人叹服的敬羡之情，同时亮明了自己对主人公唐行一的看法，即他是一个天才。

　　唐行一调查申胜虎时，拜访了当地长者康乃千。当唐行一看到康家院中的垂柳时，他想到了与柳树有关的民间俗语，便即兴插入："北方农户有俗语：穷人种榆，富人栽柳。穷人么，概莫能外。从经济角度考虑，穷苦人家多种槐树榆树，只为树木成材，将来盖房使用，或是卖木材也是个进项。富人家则从养生考虑，栽些柳树，一为养眼，舒展心情，更重要的是，每年春上，必要采些鲜嫩的柳叶做茶喝，清心肺去燥气。人生在世，种榆植柳，各怀心思，各有所得。如此而已。"这一段文字插入了"穷人种榆、富人栽柳"的习俗。由此可知，谈歌知识丰富，了解百姓日常，能点透俗语中蕴含的生活道理和文化心理。

二、与社会现实对话

谈歌擅长联想，经常由一个具体的人或事或现象引发联想。他能迅速抓住事物的本质，跳出故事情节，与当今的社会现实进行沟通和对话，进而进行今昔对比。而联想到的一些社会现实，往往是人们热议或关注的现象。

《大舞台》中，写到张宗民与甄广宁一见如故，于是结拜并一起吃饭的情节。此时，作者插入感慨："时下的中国，早不是'祖国处处有亲人'的年月了，广而告之不要和陌生人说话，反复提示国人：若是一面之交，必须提高警惕，什么不要吸对方给的烟啦，什么不要喝对方给的饮料啦，什么不要留电话啦，真是个处处设防，步步生疑，更别说跟陌生人去吃饭了。唉，现实中人心不古，他人即地狱之心态，可说是一步一鬼十面埋伏，哪还有古人这种萍水相逢即一见如故的风发意气呢？相比之下，时下国人活着果然小心谨慎，累呀！"这段插入描绘的是现实社会和我们置身的环境、风气。小说中的相见如故、坦诚相见与当今社会的处处提防形成鲜明对比，由此表明了作者的态度和看法，他对当今的某些诚信的缺失感到叹惋。

附录：谈歌访谈录

◎苏虹　郝江波

苏虹：1978年生，中国现当代文学专业，硕士，保定学院文学院，副教授。

郝江波：1978年生，中国现当代文学专业，硕士，保定学院，研究员。

问题1：谈歌老师，改革开放已经走过了40年的历程，您怎么看待改革开放40年中文学发展的历程和成就？

谈歌：毫无疑问，改革开放取得了伟大的成就，尤其是发生在生活中的巨大变化，更是让我们有切身感受。在这40年的历程中，改革经历了几个阶段，每个阶段都有不同的重心，有不少艰难的探索，套用一句形象的说法："改革有春潮带雨，亦有乱云飞渡，在迂回、试错中前行。"就改革和文学的关系而言，这样伟大、恢宏、激荡的时代，为文学提供了充足的素材和土壤。因此，改革开放40年来文学也有长足进展，创作丰富，有不少经典之作，也产生了不少表现改革开放、具有改革开放精神和气象的优秀作品，成为改革开放伟大成果的重要组成部分。

说起改革开放 40 年的文学发展历程，期间出现了多种不同的创作潮流和趋向，这要追溯到五六十年代。"十七年时期"的"三红一创，青山保林"，成为创作的标杆，之后提倡两结合、三突出，实际使文学扁平化、符号化。后来又提出过"中间人物论"。"文革"结束后，对这种现象有一些情绪和反驳。首先出现了"伤痕文学"，比如卢新华的《伤痕》，接着有反思文学，如《班主任》。另有寻根文学、先锋文学、零度写作等，真是你方唱罢我登场。实际是文学处于不断的探索过程中，尤其是到了 90 年代初，文坛各种创作潮流、风格和主张更是悉数登场，取得了不小的艺术成就。但我也感到一点儿缺憾，文学好像离现实越来越远，好像越来越不严肃，越来越局限于一己的所谓艺术天地，呈现文学脱离大众的趋势。我一直认为，文学应该是大众的，小说更是如此，小说必须与大众接轨，我曾经说过这样的话，作家不能忽视读者对象，读者不看，作家完蛋。当年我也曾"跟风"写过一些东西，但我更倾向于现实，文学就是表现生活，要关注现实，要给读者大众看。

问题 2：改革开放 40 年中，经济领域，尤其是国有企业的改革是其中的重头戏，您用文学的形式关注和表现改革开放，并集中展示了改革开放过程中国有企业改革面临的问题，这在小说领域可谓独树一帜，《大厂》等可谓这类小说的典型代表，在当代文学史中已经产生广泛影响。您能给我们谈谈这些小说及当时的创作背景吗？

谈歌：《大厂》是 1995 年写的，1996 年发表在《人民文学》

第 1 期。之所以有《大厂》，还得从之前的两篇小说谈起。我大概
1978 年开始写作，1979 年曾在《工人日报》发表独幕话剧《欢迎
检查团》，至 1989 年，在《莲池》《北京晚报》《河北日报》《保定
文艺》《北京文学》《工人日报》等几十种报刊发表了大约 300 篇作
品，中短篇小说、散文都有，诗歌百余首。那时写作，还没有明确
的创作理念，更确切地说是在不断地摸索和尝试，当然，很实际地
说也想挣点稿费、赚点钱，换酒喝（哈哈哈）。所以，为了多发表
一点，还经常变换笔名（因当时刊物和版面有限），比如用过谈谈、
谭戈、谈笑、谈笑歌辛、谭天等，还用过"打火机"这样的笔名。

到 1990 年，我那时候比较专注于写小说，听好朋友劝，集中
用"谈歌"这个笔名。可以说，这是我正式写作、想当一个职业作
家的开始。当年先锋主义盛行时，我也追风赶浪写过几篇。但是，
我当过几年记者，到处采访，比较了解现实，对社会上的一些现象
和问题也比较敏感。因此，我反思当时的先锋文学，就像"两耳不
闻窗外事，一心只读圣贤书"一样，关起门来专心搞写作实验。我
感觉这样会远离现实，甚至会被读者摒弃，所以我更关注社会和现
实人生，对改革开放过程中我所熟悉的国有企业面临的问题和困惑
有很多感触，这样我就写了一系列反映国有企业的人和事的小说。
比如，一些人开始崇尚经济、追逐金钱，追求富裕的物质生活和享
受，价值观逐渐变化也影响到了人际关系的变化。我这个人还是比
较敏感，于是把这些问题用小说表现出来，这就是《大忙年》。《大
忙年》是《北京文学》1994 年发表的，后来《中篇小说选刊》转
载。小说写陈浩带着妻儿回家过年，以到岳母家、单位领导家、亲
朋好友家串门子拜年为线索，反映出建筑在经济地位和利害关系基
础上的、不再单纯的人际关系，体现了陈浩为代表的清正做人、靠

本事吃饭的处世原则和以岳母家为代表的金钱至上、物欲势力的价值观的冲突。

《大忙年》实际写得比较委婉，通过过年串门子这个习俗把当时的一些事说出来，反响很大。刊物很感兴趣，说再写一篇这样的小说吧，就是写工业战线、企业题材，可以更直接地写这里面的事儿。当时我在冶金部的一个单位工作。我之前在钢铁厂待过，对工厂企业的情况比较熟悉，这样我就写了企业的订货会，通过订货会表现当时企业状况和面临的一系列问题，揭露了一些不正常但又让人无可奈何的问题，这个就是《年底》。《年底》1995年在《中国作家》发表，影响挺好，《小说月报》好像转了，这样就"闹大"了。后来《人民文学》编辑李敬泽约稿，我和他不认识，于是通信联系。他建议，旧稿子写的都是短篇，这次写个中篇吧，我答应说试试。这样就写了《大厂》。

问题3：《大厂》是在《人民文学》1996年第1期发表的，原《人民文学》主编程树榛曾发表回忆文章，文章用"暗潮涌动"形容《大厂》出版前后的复杂情况。而且，对《大厂》一波三折的评价以后，大规模的国企改革正式启动了。我想这一方面说明了当时的政治生活和文化背景比较复杂，同时也可见您的作品引起了不小的争议或讨论，甚至说小说有某种预计性或超前性，不知是否可以这样理解？为什么会有这样的效果？

谈歌：是这样的，1995年和1996年，那时国企改革处于关键时期，改革的最终方案还没有公布，改革的过程中出现了很多问题。当时答应《人民文学》创作一篇直接写企业情况的小说，其实挺"烦"，因为，当时国有企业遇到很多困难，甚至面临拆解，工人待岗，或者叫内部待业。我想，学生下课，工人不就是下岗吗？所以，"下岗"这个词基本也是我先说的，或者说在小说中比较早地写了下岗题材，表现了下岗工人的生活和精神面貌。贾平凹的《废都》，严格讲，写的是文人的败落、堕落。《大厂》则表现了底层劳动者的悲凉、悲伤，从主题上分析，大概是这样。当时的历史阶段，这种现象还比较多，很多表现这个领域的小说在内容上很难不重复，要是直面写，无非都是破产、不开工资、报医药费难、有病看不了、孩子没法上学等，就是这些事儿。类似这种题材的，李佩甫的《学习微笑》，写工厂破产，女工人怎么去当模特，写得比较柔和。我喜欢鲁迅杂文，喜欢直来直去。《大厂》中讲到的问题比较敏感，写得比较犀利，直接写了种种尖锐的问题：前任厂长贪污公款，企业债台高筑，员工陪客户嫖娼被抓，厂里高级轿车被偷，乡镇企业高薪"挖墙脚"，工人发不出工资、生病没钱医治，家庭夫妻关系紧张，等等。

发了之后闹得热闹，《小说月报》等刊物认为，写得太激进了，这样，工厂不就完蛋了吗？（事实上，在《大厂（续篇）》中才直接写到工厂倒闭被兼并）《文艺报》收到很多读者来信，我本人也收到很多来信，据说用麻袋装。很多读者反映小说写出了真实的情况，非常贴近他们当下的生活，写出了他们的真实感受。

其实"大厂"是什么厂、在哪儿，谁也不知道，就是一个模糊的概念，但是当时很多工厂和企业都"对号入座"，认为说的是他们工厂的事儿，表现的是他们的真实生活和所思所想。就是说，小说内容具有现实性和典型性吧。当时文坛已经很久没有这样热烈的关注和讨论出现了。

　　问题4：用文学、小说的形式表现改革开放或企业现实生活，最早最有影响的大概是蒋子龙了，他的《乔厂长上任记》被称为"改革文学"的开山之作。有评论说您的《大厂》可谓"90年代的新《乔厂长上任记》"，还有人认为，90年代以来，虽有不少作品获得好评，但像《大厂》这样反映工厂生活而能受到普遍欢迎、产生轰动效应的，还没有过。那盛况，有点儿像17年前《乔厂长上任记》问世时的情景。您怎么看待这两部作品的异同及其对改革开放的不同表现？

　　谈歌：《乔厂长上任记》是《人民文学》1979年发表的作品，我非常喜欢这个小说。这两部小说表现了国有企业改革的不同阶段，有不同的侧重点、揭露了不同的问题，实际都反映了改革开放过程中真实的生活和人物的精神面貌，体现了不同阶段的焦点问题和困惑，都是严谨的现实主义作品。蒋子龙的《乔厂长上任记》创作于70年代末，"改革开放"刚提出不久，作品对改革开放和企业发展有更多的理想主义和昂扬的热情。他塑造的乔光朴也是一个有魄力的铁腕人物，有理想、有干劲、有智慧、有担当，是一个光辉成功的厂长形象。《大厂》中的厂长吕建国则有一些疲于应战、无奈、不得已的颓然和困惑，但更多地体现了一种困兽犹斗、试图挽狂澜于既倒的悲壮情怀。这也客观呈现了90年代改革开放过程中出现的一系列矛盾和新问题，展现了人们当时的精神面貌和情绪，同时又抱着昂扬的热情对不正常的现象进行尖锐的批判。可能在艺术上还不那么完善，但我认为至少体现了我作为一个作家的职责感和使命感。

问题5：20世纪90年代，您的作品着力展现工业领域和企业战线的生活，何申以塑造乡镇基层干部见长，关仁山则擅长写农村、渔村题材的小说。这应该是改革开放以后，河北文坛首次以"集团"的形式在文坛掀起一股现实主义热潮，三人因此被评论界称为河北文坛的"三驾马车"。"三驾马车"这个称号是怎么来的，由谁提出？

谈歌："三驾马车"这个名号产生于1996年。1996年8月23号，由《小说选刊》杂志社、河北省委宣传部、河北省作协在北京联合召开了"河北三作家何申、谈歌、关仁山作品讨论会"。"三驾马车"与这个研讨会密切相关，到底最早由谁提出来的，据我所知，有点儿争议。这要涉及两个人，一个是刘小放，时任河北省作协秘书长，后任河北省作协副主席，另一个是唐山的杨立元。

问题6：记得铁凝主席说过，全面分析、论述"三驾马车"的创作，需要对中国当代文学发展的不同阶段及其所面临的不同课题作历史的分析，需要科学地认识和深切地体会艺术与生活的关系，更需要读懂，至少了解当代中国社会和社会转型这本生活的"大书"。您是怎样理解改革开放时期的社会转型、个人生活经历与创作的关系的？

谈歌：生活是创作的源泉，的确是，小说要反映生活。所以，生活经历对小说创作特别重要，但不是唯一必要条件。我写的"大厂"系列小说，确实与我的生活经历密切相关。我在钢铁厂待过，比较熟悉钢铁厂，一个车间有三千人。要只在地质队，写不了。我知道这些人怎么说话，在人物塑造、人物语言方面不用编。那里的工人跟小集体企业工人不一样，受教育程度不一样。他们有纪律、有责任感，对工厂有感情。我在小说中塑造了几种类型的工人，我说过，我是工人中的一员。这一切我感到太熟悉、太亲切了。

但是，有经历不一定能写出好作品，经历作为直接经验毕竟是有局限性的，最重要的就是多读书，读书要广，要杂，要广泛地吸收间接经验。比如历史、军事、天文、地理、听戏、饮酒、下棋、品茶、逸闻趣事、中外传说，甚至麻衣神相、神农本草等都要涉猎。这样在写不同身份背景的人物时才会真实可信、生动传神，写什么像什么，人物不千篇一律、不干瘪。

我认为小说是一门技术，小说的写作技巧是可以训练的，我甚至相信速成。简言之，小说就有三个段落：冲突、行动、结局。写小说像做凳子，有了这几条腿和一个面，就是一个简单的凳子。这就是我说的技术层面的训练。但是，在这个技术里有许多细节要讲，尤其是要找到自己的感觉，这就是个人功夫了，需要敏锐的观察、思考和深刻的积累。举个例子，1993 年构思《天下荒年》，是受防盗门触动。家家户户安装防盗门，说明社会出现了问题。我把感触写入了小说，也就是说，某个事物或某种现象刚出现或刚一露头，逮住这个事儿，这样训练敏感度并不断积累。所以，对改革开放和社会转型时期生活的思考，我的小说是一脉贯穿下来的。创作初衷不是写主流，实际也不是主流，而是客观、敏锐地把握当下，揭示现实和精神层面的问题和困惑，对社会发展作出自己的预判，我认为就是一种严肃的现实主义。

问题 7：您的小说作为"现实主义冲击波"的重要组成部分，

被写入中国当代文学史，从小说发展史的地位和影响的角度，您能不能谈谈这些小说在艺术创新上的成就，比如它继承、延续了什么，对后来的文学和创作有什么影响？

谈歌：所谓"现实主义冲击波"，主要是用一种严谨、真切的态度来关注当时的社会生活，尤其是改革开放过程中的工业题材，展现了企业、车间和普通工人家庭的真实状况，直面改革过程中的矛盾和困境。从创作方法看，也算是对当时比较流行的先锋实验性质的写作的一种反驳，也和当时的一些"新写实"小说不同，最大的不同可能是小说的基调，我更倾向于昂扬和悲壮。《大厂》《车间》等小说塑造了众多厂长形象、工人形象和转型时期出现的新人及新现象，这些比较具有典型性。可以说，是在人物画廊中增加了新形象。我想文学的独特贡献大概就在于，提供新的东西或新的人物或一套新的语言或新的形式。在我后来的小说中，在语言方面和小说形式方面可能有更多探索。

问题 8：的确如此。新现实主义小说之后，您的小说又有多种不同类型，有笔记小说，有白玉堂系列悬疑推理小说，有《票儿》《家园笔记》等历史小说，有以《都市豪门》为代表的都市官场小说，还有 150 万字的鸿篇巨制——《大舞台》。您对自己由现实题材转到历史题材是怎么思考的？

谈歌：刚刚我提到，文学的独特贡献就在于提供新的东西，新的人物、语言或形式。我也试图在不同题材领域中寻求突破和创新，找到自己最喜欢的表现形式。比如笔记小说中，我就尝试使用一套新的文白结合的语言形式；在历史小说中，尽量写一种新的英雄人物，尤其是针对社会中某些不足和道德滑坡，以此形成对比，所以，写历史也是一种关注现实。《大舞台》在小说写法方面做了很多尝试，可以说形式新颖，里面用了大量的网络语言，也改造自创了很多词语，结合了评书的样式，这也是为了适应快节奏的生活方式和读者的审美心理，而在形式上做的探索尝试。

问题9：您的小说既直接表现改革开放过程中的企业生活，又对不同阶段、不同领域的现实有多样的艺术思索。在表现改革开放40年的生活方面，您总体创作理念是什么？

谈歌：当时《大厂》的责任编辑李敬泽在1996年《人民文学》的卷首语提出，文学应该"留下这个时代的风俗史和心灵史"，我非常认同。小说要贴近当下、关注生活现实，敢于直视生活中的矛盾和焦点，批判生活中的某些负面问题，用饱满的态度表现对生活和改革开放前景的信念，虽然有无奈、有感伤、有批判，但没有灰色和绝望，更多的是悲壮和昂扬。不知你们有没有注意，我小说中的环境描写，《大厂》最后是"恼人的春寒就要过去了"。这或许就是我的创作理念，归根结底，就是追求小说严谨的现实性。

后 记

　　本书为作者 2017 年承担的河北省社会科学基金项目，项目编号：HB17ZW001，项目名称《谈歌论》。

　　这个项目持续时间很长，前期阅文本、学理论、查资料，后期，写了删，删了又写，总觉得与预期目标相去甚远。朋友提醒我：一定要动笔写，不管写得怎样先写出来再说，你脑袋里想得再好，谁看得见？！他是人间清醒，我恍然明白，千里之行始于足下，动手吧！现在呈现出来的这些文字，没有飞扬的文采和深刻的理论，却是我的真实看法和真诚感悟。

　　目前，关于谈歌研究的专著并不多，比较知名的有杨立元、杨剑龙等先生的论著。他们的论述为谈歌的文学史地位的奠定做出了重要贡献，但主要关注点是谈歌的成名阶段，多集中于"大厂"系列小说，尤其是以"三驾马车"的名义对三位作家进行整体研究。本书则增加了谈歌成名前及后来的创作历程，偏向于完整创作道路的研究，而且有些内容是首次正式论述。

　　谈歌先生曾借小说人物之口讲过，学问家有两种：一种是将糊涂的东西说明白，一种是把明白的东西讲糊涂。这固然是对小说中人物的夸张调侃，但也多少反映了做学问的一些现实问题。这本书是我个人真诚的论述，没有高大上的内容，更没有故弄玄虚的术语。我很喜欢唐弢在《琐忆》中回忆的鲁迅先生的话，他把青年人比喻为小溪："一条小溪，明澈见底，即使浅吧，但是却浅得澄清。倘是烂泥塘，谁知道它到底是深是浅呢？也许还是浅点好。"我不知道有没有把谈歌的艺术讲明白，有没有说到点儿上，但我希望《谈歌论》是这条清浅的小溪。当您读到它时，会觉得很通俗，从中能发现作者的真诚。康德曾经说过，作品的价值大小，要看它所唤起热情的浓薄。我敢说，读了谈歌的作品一定会唤起您浓厚的热情，让您爱不释手、欲罢不能，让您不仅认识"大厂"那个时代的谈歌，更让您了解一个笔耕不辍、伴随中国改革开放历程同步创作40 多年的谈歌。

这个项目能顺利完成，得益于保定学院领导的关怀和支持，是他们给了我非常有价值的指导和建议；得益于谈歌先生的肯定和鼓励，是他让我大胆写不必考虑他的看法；得益于恩师刘玉凯先生和师母乔云霞女士的帮助，是他们给予我方方面面、事无巨细的督促和指导。我很平凡但很幸运，我有幸遇到这么多温暖有爱的人，在我遇到各种困惑时，他们能及时给予我启迪和教导。此外，我还要感谢我的家人和朋友，是他们给我照顾和温暖，是他们时时给我加油打气。感恩！

苏虹

2021 年 9 月 1 日